늘 숫자에서 막히는 직장인을 위한
실전 회계상식

회계의 기초부터 기업가치평가까지
프로 전략기획가가 알려주는 실무형 회계의 모든 것!

늘 숫자에서 막히는 직장인을 위한
실전 회계상식

1판 1쇄 발행 2022년 5월 6일
1판 2쇄 발행 2023년 7월 20일

지은이 채수윤
펴낸이 송준화
펴낸곳 아틀라스북스
등 록 2014년 8월 26일 제399-2017-000017호

기획편집총괄 송준화
마케팅총괄 박진규
디자인 김민정

주소 (12084) 경기도 남양주시 청학로 78 812호(스파빌)
전화 070-8825-6068
팩스 0303-3441-6068
이메일 atlasbooks@naver.com

ISBN 979-11-88194-35-3 (13320)
값 18,000원

회계의 기초부터 기업가치평가까지

늘 숫자에서 막히는
직장인을 위한

실전 회계상식

채수윤 지음

프로 전략기획가가 알려주는
실무형 회계의 모든 것!

아틀라스
북스

이 책의 범위와 기본구조는 이렇습니다

　이 책은 경영학을 전공하지 않은 사람들에게 실무에 필요한 핵심적인 회계와 재무관리 지식을 전달하기 위해 썼습니다. 비회계분야 실무자들은 회계나 재무관리를 자신과는 관계없는 일이라고 생각하는 경우가 많습니다. 대부분 매출, 매출원가, 영업이익, 순이익 정도의 용어만 익숙할 뿐이죠. 그러다 보니 회계나 재무관리의 개념적 이해만으로도 내부 운영 개선이나 부서 간 협의, 주요 의사결정 등 기업운영 측면에서 보다 바람직한 방향으로 기여할 수 있는 기회를 놓치곤 합니다.

　이 책은 이러한 현실을 반영하여, 재무회계를 중심으로 원가회계와 재무관리 중 사업운영 및 의사결정에 도움이 될 만한 내용을 사례와 함께 정리했습니다. 특히 단순 지식이 아닌 기획이나 영업현장에서 바로 활용할 수 있는 내용과 함께, 관리자로 성장하기 위해 갖춰야 할 회계 및 자금 관련 프레임워크를 제시하는 데 초점을 맞췄습니다.

이 책을 처음부터 끝까지 정독하지 않더라도 핸드북처럼 필요한 내용을 그때그때 찾아보고 참고한다면 업무에 상당한 도움이 되리라 믿습니다.

:: 재무회계, 원가회계, 관리회계의 의미

회계나 재무관리라고 하면 막연히 뭔가 거래를 기록하고 돈을 관리하는 일이라고 생각할 수 있습니다. 이러한 막연한 개념을 좀 더 구체적으로 풀어보면 다음과 같습니다.

경영학에서는 회계를 크게 '재무회계, 원가회계, 관리회계'로 나눕니다. 이때 '재무회계'와 '관리회계'가 회계의 큰 축을 이루고, '원가회계'는 원가를 합리적으로 산출하는 활동으로서 관리회계의 기반이 된다고 볼 수 있습니다. 합리적인 원가산출을 해야 관리회계 측면에서 바람직한 의사결정을 할 수 있기 때문이죠. 그래서 원가회계와 관리회계는 합쳐서 '원가관리회계'라고 부르는 경우가 많습니다.

그럼 우선 재무회계와 관리회계라는 용어의 정의부터 살펴볼까요?

· 재무회계 : 외부에 전달할 목적으로 경영활동을 기록하고 정리해서 보고하는 과정
· 관리회계 : 내부적으로 경영실적을 관리하기 위한 활동

앞의 정의를 한마디로 표현하면 재무회계는 '외부 전달', 관리회계는 '내부 관리'가 목적이라고 할 수 있습니다.

이때 '재무회계'는 우리 기업의 실적을 외부 사람들에게 객관적인 수치로 보여주기 위한 목적으로 정리하는 것이기 때문에 '일반적으로 통용되는 원칙'을 따릅니다. 그것을 'GAAP(Generally Accepted Accounting Principles)', 우리말로 '일반적으로 인정된 회계원칙'이라 합니다. 회계 실무자들은 주로 '갭'이라고 부르죠.

그리고 글로벌기업의 증가로 GAAP을 국제적으로도 통일할 필요성이 높아짐에 따라 'IFRS(International Financial Reporting Standards)'라는 국제적인 회계원칙도 만들어 사용하고 있습니다.

이에 비해 '관리회계'는 기업 내부적인 경영실적 관리를 목적으로 하기 때문에 합리적인 방식을 제시할 뿐, 각 기업에서 의무적으로 지켜야 하는 원칙은 없습니다. 그래서 각 기업마다 관리회계에 적용하는 방식이 다르고, 대기업에서도 교과서와는 다른 방식을 사용하는 경우가 많습니다.

왜 그럴까요? 가장 큰 이유는 경영진들이 과거부터 오랫동안 사용해 익숙해진 관리회계 방식을 바꾸려고 하지 않기 때문입니다. 사실 새로운 방식을 사용할 경우 익숙하지 않아 오히려 관리지표가 의미하는 바를 잘못 해석할 가능성도 있기 때문에 한 가지 방식을 유지하는 것이 더 바람직할 수도 있습니다. 또한 대기업일수록 관리회계 방식이 다소 비합리적이더라도 기업운영에는 큰 영향이 없기 때문에 한 번 정하면 바꿔야 할 필요성을 잘 느끼지 못하는 경우가 많습니다.

:: 재무관리와 재무회계·원가관리회계 간의 연결고리

'재무관리'는 기업에 필요한 자금을 조달·운영하는 업무를 말합니다. '회계'라는 용어가 붙지 않았다는 사실로 알 수 있듯이, 재무관리는 회계와 관련은 있지만 굳이 회계를 잘 모르더라도 할 수 있는 업무라고 할 수 있습니다. 그래서 큰 기업에서는 재무관리 업무를 자금부서나 투자를 담당하는 별도의 부서(기획부서 혹은 사업개발부서)에서 담당하게 하는 식으로 회계부서와 분리하여 운영하는 경우가 많습니다.

그렇지만 재무회계, 원가관리회계, 재무관리는 서로 연결되어 있다고 볼 수 있습니다. 예를 들어 재무회계에서의 손익계산서 항목을 잘 이해해야 관리회계에서의 손익분기점분석을 할 수 있고, 재무관리에서의 자본예산 수립이나, 이를 바탕으로 한 사업성평가를 할 수 있기 때문이죠.

그렇기 때문에 사업과 관련한 분석과 의사결정을 할 때는 이 3가지 영역에 대한 일정 수준의 지식과 경험이 필요합니다. 따라서 실무적으로는 각 개별영역을 깊이 있게 살펴보는 방식보다는 3개 영역을 넘나들면서 사업에 필요한 내용을 살펴보는 방식이 더 도움이 됩니다.

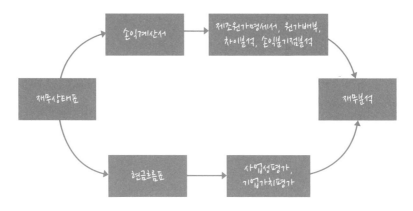

이런 측면에서 이 책은 위의 그림과 같이 재무회계의 근간이 되는 재무상태표에서 출발하여, 손익계산서 및 이와 관계가 깊은 원가관리 회계, 현금흐름표를 살펴본 후 종합적인 재무관리와 재무분석 영역을 다루는 순서로 구성했습니다. 이를 통해 독자 여러분이 각 영역 간 연관관계를 이해하고 종합적인 관점에서 업무에 필요한 지식을 활용하기를 기대합니다.

| **스탭(Staff)조직 및 실무자의 역할**

소위 스탭부서라 불리는 전략기획, 마케팅부서 등의 실무자에게도 회계와 재무관리 관련 지식은 필요합니다. 실제로 이런 지식이 부족해서 업무에 지장이 생기는 경우도 있습니다. 뿐만 아니라 스탭부서 실무자들은 홍보, 대관업무 등 직책과 관련 없는 업무까지도 전반적으로 경험하고 일정 수준의 전문성을 갖춰야 할 필요가 있습니다. 이와 관련하여 국내 기업과 미국이나 유럽 기업의 스탭부서 간의 차이를 간단히 살펴보겠습니다.

미국이나 유럽 기업의 경우 스탭조직 규모가 국내 기업에 비해 훨씬 작고, CSO(Chief Strategy Officer, 최고전략책임자)나 CMO(Chief Marketing Officer, 최고마케팅책임자)들은 주력사업의 사업부장과 같은 주된 업무가 별도로 있고, 전략이나 마케팅업무는 추가적인 업무로서 최소한의 보조 인력으로 운용하는 경우가 많습니다.

반면에 국내 주요 기업의 스탭조직은 상당히 규모가 큽니다. 여기에는 여러 가지 이유가 있겠지만, 필자의 생각으로는 CEO를 포함한 임원들의 전문성이 상대적으로 부족해 이를 보좌할 역량 있는 조직이 필요해서일 수도 있고, 성장을 위해 신사업기회를 모색하는 기업이 여전히 많아서일 수도 있어 보입니다.

위와 같이 국내 기업 임원의 전문성이 부족한 데는 나름의 배경이 있습니다. 해외 기업 임원의 경우 자신이 일하던 업종에서 다른 업종으로 경력을 바꾸는 경우가 거의 없습니다. 예를 들어 석유화학업종에 한 번 몸담았다면 계속해서 같은 업종에서 전문성을 쌓아나가는 식이죠. 만일 기업 안에 적정한 자리가 없으면 같은 업종의 다른 기업으로 이직하는 식으로 경력을 이어나가는 형태가 일반적입니다.

반면에 국내 대기업에서는 임원이 업종이 다른 계열사로 이동하는 사례가 상대적으로 많습니다. 특히 규모가 큰 주력업종 계열사에서 규모가 작은 다른 업종 계열사로 이동하는 경우가 많습니다. 또한 같은 기업 내에서 다른 사업부로 임원을 이동시키는 경우도 전혀 이상하지 않습니다. 그러다 보니 자신이 잘 모르는 사업을 빠른 시간 내에 잘 이해하고 관리할 수 있도록 보좌해주는 조직이 필요하고, 규모도 커질 수밖에 없는 것이죠.

위와 같은 국내 기업의 현실을 부정적으로 볼 수도 있지만, 스탭부서의 실무자 입장에서 생각해보면 CEO를 포함한 경영자의 고민과 경험을 간접적으로 공유해볼 수 있다는 장점이 있습니다. 또한 스탭부서는 기업 내부에서의 위상이 높고, 핵심 인재가 포진해있는 사례가 많습니다. 삼성전자의 경우에도 인사부서 출신 임원들이 본래 업무가 아닌 영업을 총괄하는 부사장급의 고위직까지 승진한 사례가 많습니다.

그럼 이 스탭조직의 역할은 뭐라고 정의해야 할까요? 이와 관련하여 SK그룹에서 스탭조직에 대해 강조하는 말이 있습니다. 바로 'LHC(Lead-Help-Check)'입니다. 필자는 이것이 참 기막힌 정의라고 생각합니다. 직접 사업을 운영하는 입장이 아니라면 Lead하고 Help하고 Check하는 일 외에 더 무엇을 할 수 있을까요? 또한 좀 더 넓게 생각해보면 이 3가지가 스탭조직뿐 아니라 중간관리자나 경영자의 핵심 업무라고도 할 수 있습니다.

필자는 이 책을 쓰면서 여러분이 이 3가지 역할을 잘 수행하는 데 있어서 꼭 필요한 지식과 경험을 전달하는 데 주안점을 두었습니다. 책 한 권으로 정리하는 데 한계는 있겠지만, 잘 이해하고 사용한다면 큰 도움이 되리라 믿습니다.

차례

1장 회계의 기초 개념부터 알아보자

왜 꼭 현금흐름표까지 살펴봐야 할까?

회계의 기초
개념부터 알아보자

01

자산·부채·자본 :

우리 기업은 무엇을 얼마나 가지고 있을까?

자산＝부채＋자본

자산 : 기업이 소유하고 있는 경제적 자원으로서 기업의 미래 영업활
동에 공헌할 것으로 예상되는 항목

부채 : 기업이 미래의 어느 시점에 제3자에게 현금을 지급하거나 기타
재화나 용역을 제공해야 할 의무

자본 : 총자산에서 부채를 차감한 금액

*출처 : 《회계원리》, 송인만 외, 1996.

1장에서는 회계를 이해하는 데 필요한 기본 용어 및 개념에 대해 살
펴보겠습니다. 회계에서 가장 먼저 나오는 용어가 위와 같은 자산, 부
채, 자본인데요, 위의 정의를 간단히 정리하면 다음과 같습니다.

• 자산 → 내가 사업하는 데 쓰기 위해 가지고 있는 것들
• 부채 → 갚아야 할 돈
• 자본 → 남은 돈

:: 부채와 자본은 자산의 꼬리표

만일 여러분이 금융기관에 가서 자산관리상담을 받는다면 재산이 얼마며 어떻게 구성되어 있는지 등의 질문을 받게 됩니다. 그러면 여러분은 예금, 아파트 등을 얼마나 가지고 있으며 금융기관 등에서 빌린 돈이 얼마나 되는지 얘기하겠죠. 이때 통상 전자를 '재산' 또는 '자산'이라고 부르며, 후자를 '부채'라고 부릅니다. 그리고 자산에서 부채(대출)를 빼고 남은 돈을 '순자산'이라고 부르죠.

결국 현재 '내가 가지고 있는 것'은 '자산'입니다. 부채나 자본은 내가 자산을 확보하는 데 따라붙는 '꼬리표'에 해당하죠. 예를 들어 내가 아파트에 살면서 편안함을 누리는 것은 아파트라는 자산 덕분이지 부채(대출)나 순자산 덕분이 아니라는 의미입니다.

기업도 마찬가지입니다. 다만 자산에서 부채를 뺀 돈을 '자본'이라고 부른다는 차이가 있습니다(기업에서도 자산-부채를 순자산으로 표현하는 경우도 많습니다). 기업 입장에서도 사업에 사용하기 위해 가지고 있고, 사업의 가치를 결정하는 것은 '자산'입니다. 이 자산을 활용하여 사업을 하고 이익을 창출하는 행위가 바로 '경영활동'이죠.

기업에게도 부채나 자본은 '자산을 확보하는 데 사용한 돈', 다시 말해 '자산의 꼬리표'가 됩니다. 이때 부채는 '남에게서 빌린 돈'을, 자본은 '내가 투자한 돈'을 말합니다. 그래서 부채를 '타인자본', 자본을 '자기자본'이라고 부르기도 합니다.

:: 기업의 성장이 가장 간절한 사람은?

기업에 돈·물건·서비스를 빌려준, 즉 '부채'를 제공한 사람은 나중에 기업에게서 그 대가를 돌려받을 수 있는 권리를 가집니다. 예를 들어 기업에 외상으로 물건을 판 사람은 외상값을 받을 권리를 갖고, 기업에 돈을 빌려준 금융기관이라면 정해진 시점에 사전에 정한 이자와 함께 원금을 돌려받을 권리를 갖게 되죠.

그런데 이런 권리를 가진 사람이 기업이 많은 돈을 벌었다고 해서 받을 돈을 더 달라고 하거나, 기업이 망했다고 해서 받을 돈을 깎아주는 경우는 없습니다. 어떤 경우에든 원래 받기로 한 돈을 받으려고 합니다. 한마디로 이들은 기업의 위험을 함께 지려고 하지 않습니다. 오히려 기업이 망할 가능성이 있으면 위험을 감수하는 대가로 더 높은 이자를 요구합니다.

반면에 기업에 '자본'을 제공한 사람은 기업의 위험을 최종적으로 책임지게 됩니다. 기업이 돈을 많이 벌면 이들도 더 많은 부를 얻게 되고, 반대로 망하면 투자한 돈을 모두 날리게 되죠. 따라서 이들은 기업의 가치(자본)를 자산에서 부채를 제외한 나머지로 평가합니다. 이때 부채는 정해져 있으므로 기업이 자산을 잘 활용해서 이익을 내고, 그로 인해 자산이 불어나 자본이 커지기를 바라겠죠. 그렇기 때문에 기업이 이익을 내고 성장하기를 가장 간절히 바라는 이들은 자본을 제공한 사람들일 수밖에 없습니다. 주식회사라면 주주가 되겠죠.

적정부채비율이란?

기업이 재무적으로 어려운 상황에 놓였을 때 가장 많이 언급되는 말이 있습니다. 바로 '부채비율'입니다. 부채비율은 기업의 총부채를 자기자본으로 나눠서 계산합니다. 예를 들어 부채비율이 200%라면 해당 기업의 총부채가 자기자본의 2배라는 의미가 됩니다.

그러면 기업에 부채가 많으면 무조건 안 좋을까요? 결론부터 말하면 '아니다'입니다. 돈을 많이 벌 수 있는 투자기회가 있다면 부채를 최대한 끌어모아서라도 그 기회를 놓치지 않는 것이 바람직한 투자의사결정일 테니까요.

:: 부채비율이 높으면 문제가 되는 이유는?

그런데 왜 기업의 부채비율이 높으면 문제라고 할까요? 그 이유는, 과거에 비해 지금은 사업위험을 고려할 때 많은 부채를 빌려서 투자할 만한 기회가 많지 않기 때문이라고 보면 됩니다.

과거 1970~1980년대는 우리나라의 고도성장기였는데, 필자가 대학을 다니던 그 시기에는 산학이라는 이름으로 재학 중에 특정 기업에

입사하겠다는 의사만 밝히면 대졸 초봉의 50%가 넘는 돈을 장학금으로 받기도 했습니다. 그런데 당시에는 그 산학장학금마저도 취업선택권을 제한한다고 해서 잘 받으려 하지 않았습니다. 지금 기준으로 보면 이해가 되지 않는 상황인데, 당시 기업들은 왜 그런 이상한 일을 했을까요?

그때는 기업 입장에서 좋은 인재만 확보하면 뛰어들 만한 사업기회(투자기회)가 도처에 널려 있었기 때문입니다. 기업환경이 이렇다 보니 당시에는 부채비율을 높여서라도 사업기회를 잡는 것이 기업가치를 높이는 길이었습니다. 기업들이 자기자본보다 400~500% 많은 부채를 지고 사업을 하는 것이 이상하지 않던 시기였죠.

그러다 1990년대 중반에 들어서면서 점차 고도성장에 제동이 걸리기 시작했습니다. 대표적 사례가 여러분이 어렴풋이 기억하고 있을 법한 '한보사태(한보철강의 부도와 이와 관련된 경제범죄사건)'입니다. 그 당시 한보는 은행권의 사업성평가에서 모두 사업성이 없는 것으로 결론 난 사업을 적극적으로 추진하다 결국 부도라는 결말을 맞았습니다.

사실 그때까지만 해도 비단 한보뿐 아니라 많은 기업들과 정부, 기타 이해관계자까지도 1970~1980년대의 낙관적인 상황을 기대하곤 했습니다. 그러다 보니 기업이 많은 대출을 받아서 적극적으로 사업을 확장하는 방식을 일반적이라고 인식했죠.

한보사태는 그러한 낙관적 기대가 더 이상 통하지 않는다는 사실을 보여주는 신호탄이었고, 그로부터 얼마 후 IMF 외환위기가 터지면서 많은 기업이 도산하게 되었습니다.

:: 적정부채비율에 대한 답은 없다

이제는 어떤 기업도 400~500%의 부채비율을 유지하며 안정적으로 사업을 운영할 수 있다고 믿지 않기에 위험을 적정수준에서 관리하려고 합니다. 또한 금융기관에서도 과거에 비해 투자기회가 제한적임을 알기에 선뜻 기업에 많은 돈을 빌려주지 않습니다.

결국 부채와 자본의 바람직한 조합에 대한 답은 정해져 있지 않으며, 전반적인 경제적 상황과 기업이 추진하는 사업의 성장단계와 관련성이 깊다고 할 수 있습니다. 이런 의미에서 '경영진의 능력'은 자본건전성에 집착하지 않고 사업기회를 놓치지 않기 위해 최적 규모의 부채를 활용하는 데 있고, '실무진의 능력'은 그런 경영진의 의사결정에 필요한 정보를 준비해 설득력 있는 실행안을 제안하고 이를 집행하는 데 있다고 할 수 있습니다.

02

수익·비용·이익 :

우리 기업은 사업을 통해 돈을 얼마나 벌었을까?

수익−비용=이익(손실)

• 수익 : 기업이 일정 기간 동안 고객에게 인도한 재화 또는 제공한 용
역의 판매가액
• 비용 : 수익을 얻기 위해 소비된 재화 및 용역의 가액

*출처 : 《회계원리》, 송인만 외, 1996.

'수익'은 기업이 번 돈 전체를, '비용'은 돈을 벌다 보니 어쩔 수 없이 쓴 돈을 말합니다. 그리고 그 결과(수익−비용)로서 남은 돈은 '이익', 반대로 모자란 돈은 '손실'이라고 이해하면 됩니다.

수익은 간단히 말해 '매출'과 같다고 볼 수 있습니다. 서비스업종에서는 매출 대신 '영업수익'이라는 용어를 사용하는 경우가 많습니다.

영업수익은 '기업의 주된 영업활동에서 발생한 수익'이라는 뜻으로, 사실 매출과 같은 개념입니다. 판매한 시점에 돈을 버는 것이 아닌, 매달 꾸준히 들어오는 수익(예 : 통신요금)이라 일반적인 매출과는 다르게 표현하는 것으로 보입니다.

비용은 앞의 정의처럼 기업이 '수익을 얻기 위해 사용한' 재화 및 용역의 가액(價額, 가치)을 말합니다. 따라서 기업에서 빠져나간 돈이 모두 비용이 되지는 않습니다. 그럼 기업의 수익을 얻기 위한 활동과 관계없이 빠져나간 돈은 뭐라고 할까요? 바로 '손실'입니다. '의미 없이' 돈이 나갔다고 보는 것이죠. 예를 들어 환율 때문에 외화예금이 줄었다면, 그 줄어든 부분은 '외화환산손실'이 됩니다.

이익은 수익에서 비용을 뺀 '남은 돈'을 뜻합니다. 만약 비용이 발생하지 않고 번 돈 전체가 남는 돈이라면(수익=이익), 이것은 '이익'으로 표현합니다. 예를 들어 사업과 무관하게 환율 덕에 외화예금이 늘었다면, 그 늘어난 부분은 '외화환산이익'이 됩니다.

:: 기업활동의 궁극적인 목적은?

기업운영 초기에는 이익이 발생하지 않더라도 수익을 중시하는 경우가 많습니다. 그렇지만 기업활동이란 '자산을 효과적으로 활용하고, 이를 위해 필요한 재화나 용역을 사용하여 이익을 얻는 것'이라고 정의할 수 있습니다. 즉, 수익에서 비용을 뺀 '이익'이 기업활동의 최종적인 결과물이 됩니다. 따라서 기업활동의 궁극적인 목적은 수익이 아니라 이익을 많이 내는 데 있습니다.

진리라고 할 것도 없는 당연하고 평범한 말이지만 의외로 많은 기업, 특히 성장을 추구하는 기업과 그 창업자나 대주주가 이를 간과하곤 합니다. 외형만 성장하고 이익을 내지 못하는 기업은 당연히 계속해서 유지될 수 없습니다.

회계에서는 기업이 계속 유지된다는 가정을 전제로 '계속기업'이라는 표현을 씁니다. 이런 계속기업이 되려면 기업은 기업활동의 가장 평범한 원리인 자본가치 및 이익창출에 집중해야 합니다. 지금 여러분이 몸담고 있는 기업은 이런 원리에 집중하는 듯한가요? 그렇다면 여러분은 그곳에서 정년까지 일할 가능성이 매우 높다고 할 수 있습니다.

사업의 목적은?

흔히 기업운영의 목적을 단기적으로는 '이윤 극대화', 궁극적으로는 '기업가치 극대화'라고 합니다. 즉, 기업가치 극대화가 최종 목적이지만, 이를 위해서는 우선 이윤 극대화가 사업을 하면서 달성해야 할 1차적인 목적이 된다는 것이죠. 이때 '이윤'은 경제학에서 주로 쓰는 용어이고, 기업회계 측면에서는 '이익'이라고 할 수 있습니다.

그런데 기업, 특히 대기업에서는 영업 차원에서 이익보다 매출(수익)을 중시하는 경향이 있습니다. 예를 들면 영업부서의 목표를 '매출 100억 원 달성' 또는 '가입자 100만 명 달성' 등으로 정해놓고, 비용절감에 대한 책임은 관리나 제조부서 등에 맡기고 영업부서는 오직 매출에만 집중하는 사례가 일반적입니다. 특히 후발주자 혹은 시장 내에서 입지가 작은 기업일수록 외형에 집중하는 경향이 있습니다.

:: 왜 매출보다 이익이 중요할까?

하지만 위의 정의처럼 기업운영의 1차적인 목적은 매출이 아닌 '이익 극대화'에 있습니다. 그럼 이익이 어떤 의미가 있고, 이것이 왜 기업운영에 있어서 중요한 목표가 되어야 하는지 살펴보겠습니다.

예를 들어 매출이 100억 원이고 이익이 5억 원인 기업이 있다고 가정해 보겠습니다. 이 경우 해당 기업의 매출은 이익의 20배가 됩니다. 만약 이 기업이 비용관리를 잘해서 비용을 1,000만 원 줄인다면 어떻게 될까요? 이에 따라 이익은 1,000만 원 늘고, 이익의 20배가 매출이므로 매출은 2억 원만큼 늘어나는 효과가 생깁니다. 비용절감 규모가 매출의 1,000분의 1로 무시할 정도라고 생각할지 모르지만, 결과적으로 매출을 2% 늘리는 것과 동일한 효과를 볼 수 있게 됩니다.

이번에는 이익이 매출의 1%인 기업이 있다고 가정해보겠습니다. 그런데 이 기업의 영업부서가 월매출 1억 원을 달성한 기념으로 회식을 하면서 100만 원을 썼습니다. 회식비(비용)를 씀으로써 이익이 100만 원 줄어든 셈인데, 결과적으로 보면 이익이 매출의 1%이기 때문에 매출 1억 원에 해당하는 비용을 쓴 것입니다. 결국 한 달 동안 노력해서 번 이익을 하루 저녁 회식으로 날려버린 셈이죠.

두 사례를 비교해보면 비용을 절감해서 이익을 관리하는 노력이 얼마나 중요한지를 알 수 있습니다. 이렇게 기업의 이익이 늘면 외부 충격에도 강해집니다.

예를 들어 같은 제품을 100원에 팔아서 5원을 버는 기업이 있고, 1원을 버는 기업이 있다고 가정해보겠습니다. 이때 만일 원재료 가격이 올라서 비용이 3원 늘면 어떻게 될까요? 이럴 경우 제품 1개당 5원을 버는 기업은 여전히 흑자(5원-3원=2원)를 낼 수 있지만, 1원을 버는 기업은 2원 적자(1원-3원=△2원)로 바뀌게 됩니다.

이런 사례처럼 기업이 이익을 중시하고 이윤 극대화를 위해 노력한다면 근본적인 경쟁력도 달라질 수 있습니다. 이것이 바로 여러분이 회계와 재무 관련 지식을 쌓고 관리역량을 높여야 하는 이유이기도 합니다.

03

비용·원가 :

이 사업을 하면 정말 돈을 벌 수 있을까?

· 원가 : 어떠한 목적으로 소비된 경제가치를 화폐액으로 표시한 것

*출처 : 두산백과

필자는 기업에서 입사면접을 할 때 경영학과를 졸업하고 회계를 잘 안다는 지원자들에게 항상 이런 질문을 했습니다.

"원가와 비용의 차이를 설명해보세요."

그러면 대부분의 지원자가 답변을 잘 하지 못했습니다. 물론 갑자기 생각지 못한 질문을 받아서일 수도 있지만, 대부분은 원가라는 용어를 자주 쓰면서도 그 뜻이 뭔지, 특히 비용과 어떤 차이가 있는지를 생각해보지 않았기 때문입니다.

심지어 회계학 관련 서적에서도 원가와 비용이 어떤 차이가 있고,

어떤 관계를 가지는지를 설명하지 않는 경우가 있습니다. 또 책 내용에서 '비용'이라는 용어를 사용해야 하는 상황에서 '원가'라는 용어를 쓰는 등 용어를 혼용하는 경우도 있습니다.

:: 비용과 원가의 관계는?

비용은 '사업을 운영하면서 쓴 모든 돈'이라고 보면 됩니다. 넓은 의미로는 사업과 상관없이 잃게 된 돈인 손실도 비용에 포함됩니다.

이들 비용 중에서 특정 제품을 만들거나 상품, 서비스를 얻는 데 사용한 돈이 '원가'입니다. 제품을 만드는 데 썼다고 인정되면 '제품원가', 유통업에서 상품을 사는 데 쓴 돈은 '상품원가', 서비스를 제공하는 데 들어간 돈은 '서비스원가'라고 합니다. 즉, 원가는 '비용의 부분집합'이라고 볼 수 있습니다.

원가의 구성요소는 크게 '재료비, 노무비, 경비'로 나눕니다. 모두 끝에 '비(費)' 자가 붙는 데서 알 수 있듯이 원가의 구성요소도 모두 '비용'에 해당합니다. 그런데 여기서 또 다른 의문이 생깁니다. '어차피 비용(돈)은 기업을 운영하면서 상품을 사거나, 제품을 만들거나, 서비스를 제공하는 데 필요한 것인데, 도대체 원가가 아닌 비용이 뭐가 있을까?'라는 의문이죠. 이에 대해 비용 중에서 원가에 해당하지 않는 것들은 다음과 같습니다.

- 영업 · 판매활동 및 경영관리와 연관된 비용 → 판매비와 관리비
- 영업과 무관한 비용(예 : 이자비용) → 영업외비용
- 법인세비용

　위의 내용처럼 '판매비와 관리비'는 판매조직의 인건비와 광고선전비 등 판매와 관련된 비용, 사장 비서의 월급과 법인용 차량 운영비 등 기업의 운영관리를 위해 지출하는 비용을 말합니다. 사업운영을 위해 지출하기는 하지만, 제품을 만들거나 상품을 구매하는 데 직접적으로 사용되지 않는 비용을 의미하죠.

　영업활동과 직접적으로 관련이 없는 비용, 즉 '영업외비용'도 원가에 해당하지 않습니다. 대표적으로 금융기관 등에서 빌린 돈에 대해 내야 하는 이자비용을 들 수 있습니다. '그런 돈도 어차피 사업하려고 빌린 거 아닌가?' 하는 의문이 들겠지만, 이자는 기업이 아무것도 안 해도 나가는 비용, 즉 영업과 관련 없이 발생하는 비용이라는 측면에서 그렇게 구분하는 것이죠.

:: 왜 비용에서 원가를 찾아내야 할까?

　그러면 굳이 왜 비용에서 원가를 찾아내고 계산해야 할까요? 원가를 알아야 내가 사업을 열심히 하면 정말 돈을 벌 수 있는지 여부를 알 수 있기 때문입니다. 즉, 원가계산을 통해 제품 하나를 팔면 얼마나 벌

수 있는지를 알아야 제품 하나를 더 팔기 위해 얼마를 깎아줄 수 있는지도 정할 수 있습니다. 그렇지 않으면 자칫 팔수록 밑지는 상황이 생길 수도 있으니까요.

원가관리를 위해서는 구체적으로 제품을 만드는 데 들어가는 비용을 요소별로 측정해서 어디서 얼마나 더 비용을 줄일 수 있는지 관리하고, 실제로 그런 비용을 줄이기 위해 노력해야 합니다. 특히 제조업의 경우 원가관리가 복잡하고 경기에 영향을 많이 받기 때문에 원가관리를 얼마나 잘하느냐가 기업의 핵심적인 역량이 된다고 할 수 있습니다.

우리나라의 대표적인 제조업체인 삼성전자를 계열사로 하는 삼성그룹을 두고 흔히 '관리의 삼성'이라고 지칭하곤 합니다. 원가뿐만 아니라 인사관리나 일반적인 운영관리도 매우 잘하는 기업이라는 의미겠죠. 그만큼 반도체 등의 사업에서 제조원가관리에 대한 노하우와 차별적인 역량을 축적한 기업이고, 그것이 현재의 위상을 만들어낸 원동력이 되었다고 할 수 있습니다.

치킨게임이라는 말은 한 번쯤 들어봤겠죠. 1950년대 미국 젊은이들 사이에서 시작된 것으로, 두 명의 운전자가 서로 정면충돌하는 코스로 차를 질주해서 먼저 피하는 쪽이 지는 게임을 지칭합니다. 이 게임에서 먼저 피한 사람을 치킨(겁쟁이)이라고 불렀기 때문에 그런 이름이 붙었다고 합니다.

기업 간 경쟁에서도 치킨게임이라는 용어가 사용됩니다. 통상 산업의 후발주자가 별다른 차별적 강점이 없어 가격인하를 통해 시장에 진입했을 때, 이미 시장에서 입지를 확보한 선도업체가 후발주자의 이익창출을 막아 고사시키려는 의도로 자신의 축적된 자본력을 바탕으로 가격을 더 내리는 방식으로 대응하는 상황을 일컫습니다.

대표적으로 메모리반도체업계의 치킨게임을 들 수 있습니다. 먼저 1980년대 중반에는 일본업체가 메모리반도체의 가격인하를 주도하고 미국업체가 맞대응하면서 결국 인텔이 메모리반도체업계를 떠나는 계기가 되었습니다.

2000년대 중반 이후에는 대만업체가 가격인하를 주도하면서 독일업체인 키몬다와 일본업체인 엘피다가 파산하는 결과를 낳았습니다. 키몬다는 지멘스의 반도체부문이 분리되어 인피니온으로 독립한 후 다시 메모리반도체사업을 분리하여 자회사형태로 2006년에 출범한 업체입니다. 출범 당시에는 세계 2위의 시장점유율을 기록하기도 했으나 결국 2009년에 치킨게임의 희생자가 되었습니다.

:: 삼성전자는 어떻게 치킨게임에서 승리했을까

이처럼 세계 2위의 키몬다와 세계 3위인 일본의 엘피다가 연이어 파산하면서, 세계 메모리반도체시장은 현재의 삼성전자, 하이닉스, 마이크론의 3강 구도가 형성되었습니다.

그러면 삼성전자는 어떻게 치킨게임을 견뎌내고 살아남을 수 있었을까요? 우선 1980년대의 치킨게임에서 살아남은 이유는 사업 포트폴리오와 최고경영자의 의지 덕분이었다고 할 수 있습니다. 삼성전자에게는 반도체가 미래를 위해 투자하는 사업이었고, 반도체와 무관한 가전사업에서의 이익을 기반으로 투자를 지속할 수 있었습니다. 만일 미국 기업처럼 전문경영인이 경영과 최종 의사결정을 하는 구조였다면 계속되는 손실을 감수하며 투자를 지속하기 어려웠을 것입니다. 이런 미국 기업과는 달리 삼성전자는 당시 오너가 강한 의지를 가지고 반도체사업을 추진했기 때문에 손실에도 불구하고 과감한 투자와 연구개발을 계속할 수 있었습니다.

2000년대에는 상황이 뒤바뀌었습니다. 당시 삼성전자는 이미 시장점유율 측면에서 메모리반도체분야 선도업체였습니다. 하지만 기술적인 측면에서는 여전히 일본 기업들이 우위에 있다고 평가하는 상황이었죠. 그런데 어떻게 삼성전자가 일본업체들을 이기고 치킨게임의 최종 승자가 될 수 있었을까요?

핵심 요인은 바로 '원가경쟁력'에 있었습니다. 이와 관련하여 히다치와 엘피다에서 반도체를 개발했던 유노가미 다카시가 쓴 《일본 반도체 패전》이라는 책이 있습니다. 이 책을 보면 저자가 반도체 개발자로서 무너져가는 일본의 반도체산업 현장을 보면서 느낀 답답한 심경과 함께, 일본의 반도체산업이 무너진 원인에 대한 생각을 읽을 수 있습니다. '과잉 기술, 과잉품질'이라는 이 책의 첫 번째 장 제목에서 알 수 있듯이, 그가 제시한 일본 반도체산업의 가장 큰 문제점은 한마디로 '원가를 고려하지 않고 성능과 품질만 중시해온 것'이라고 정의할 수 있습니다.

저자는 일본의 기술만능주의 풍토가 결과적으로 메모리반도체시장이 고가·고품질 중심에서 가격·양산능력 중심으로 변화한 사업환경에서 이익을 낼 수 없는 사업으로 전락시켰다고 해석했습니다. 그리고 결국 생존을 위해서는 기술력보다 원가경쟁력이 더 중요하다는 메시지를 전달합니다.

:: 저원가전략이 사업의 지속가능성을 높인다

경쟁전략과 관련한 많은 프레임워크를 제시한 마이클 포터는 3가지 본원적 경쟁전략으로서 저원가, 차별화, 집중화를 제시했습니다. 필자는 이 3가지 전략 모두 의미가 있지만 저원가전략이 모든 전략의 기반이 된다고 생각합니다. 시장형성기나 초기 시장진입 시에는 저원가, 차별화, 집중화 전략이 모두 효과적일 수 있지만, 시장이 성숙화될수록 차별화나 집중화로 접근할 수 있는 시장의 비중은 점차 줄게 됩니다.

또한 범용제품시장(Mass Market)에서 원가경쟁력을 갖춘 업체가 기술력을 확보하여 프리미엄시장에 진입하는 경우도 많습니다. 일본의 도요타 자동차가 렉서스라는 브랜드로 고가시장에 진입한 사례가 대표적이죠. 그래서 사업 초기에 차별화나 집중화를 통해 시장에 진입했더라도 원가경쟁력을 확보하여 시장을 지키고, 나아가 가능하면 범용제품시장까지 진출하여 시장점유율을 높이는 전략을 검토해야 합니다.

결론적으로 원가경쟁력은 단지 차별화가 불가능한 시장에서 중시하는 경쟁요소가 아니라 지속가능한 사업을 위해 반드시 확보해야 하는 역량이라고 할 수 있습니다.

2장

거래는 언제 어떻게
기록할까?

차변과 대변 :

복식부기와 금전출납부의 차이는?

거래는 기업이 재무제표를 작성하기 위해 나눠놓은 기간(회계기간) 중(기중)에 항상 발생합니다. 이렇게 기중에 발생한 거래는 장부의 왼쪽과 오른쪽으로 나뉜 차변과 대변에 각각의 거래내역(계정과목)과 함께 똑같은 금액을 기재하는 '복식부기' 방식을 이용하여 기록합니다. 그런데 복식부기 기록을 처음 보면 왜 차변과 대변 양쪽에 똑같은 금액을 기재하는지 도통 이해가 안 되고, 그런 기록방식이 불필요한 일인 듯한 인상을 받게 됩니다. 최소한 필자는 그랬습니다.

물론 어느 정도 개념을 이해하면 불필요한 일은 아님은 알 수 있지만, 첫인상이 그리 친절하지도 별다른 감흥도 없는 것이 '복식부기'라고 할 수 있습니다. 그럼 복식부기를 이해하기 위해 먼저 차변과 대변의 의미부터 알아보겠습니다.

:: 차변과 대변은 뫼비우스의 띠와 같은 관계다?

- 차변(왼쪽) = 빌 차(Debt, 돈을 빌려 쓰는 입장) = 돈을 사용하는 쪽
  = 자산, 비용
- 대변(오른쪽) = 빌릴 대(Credit, 돈을 주는 입장) = 돈을 조달하는 쪽
  = 부채, 자본, 수익

거래를 기록할 때는 장부의 왼쪽이 '차변', 오른쪽이 '대변'입니다. 차변의 '차'는 한자로 '빌 차(借)', 대변의 '대'는 한자로 '빌릴 대(貸)'입니다. 빌 차의 '빌다'라는 뜻은 지금 말로 '돈을 빌린다'라는 뜻입니다. 빌릴 대에서 '빌릴'은 어감과는 달리 '빌려주다'의 의미를 담고 있습니다. 이런 의미에 따라 돈을 빌려 쓰는 쪽을 차변에, 돈을 빌려주는 쪽을 대변에 기록한다고 보면 됩니다.

그런데 위의 박스내용을 보면, 차변에 들어가는 항목에는 '자산'이 있고, 대변에 들어가는 항목에는 '부채'가 있습니다. 언뜻 보기에 이해가 가지 않습니다. 부채는 남에게서 '빌린' 돈인데, 왜 이게 돈을 '빌려주는' 입장인 대변에 기록될까요? 영문으로 부채는 'Debt'인데 영문으로 차변을 의미하는 Debt 쪽에 있지 않고 대변을 의미하는 'Credit' 쪽에 들어간다? 어찌 이런 해괴망측한 일이 있나 싶을 것입니다. '회계란 앞면이 뒷면과 연결되는 뫼비우스의 띠와 같이 Debt가 Credit이 되는 오묘한 것인가?' 하는 생각이 들 수도 있습니다. 필자가 그랬습니다.

회계학 교과서에도 이에 대한 명쾌한 설명이 없어서 필자는 오랜 기간 왜 이런 방식을 사용하게 되었는지 생각도 해보고 이리저리 자료도 찾아봤습니다. 그 결과 상당히 설득력 있는 내용을 발견해서 그 내용을 중심으로 여기서 설명해보겠습니다.*

복식부기는 이탈리아의 금융업자들이 거래기록의 정확도를 높이고자 고안해냈다는 것이 정설로 받아들여지고 있습니다. 셰익스피어의 《베니스의 상인》에 나오는 셔일록을 그당시 금융업자의 전형적인 모습으로 볼 수 있습니다. 이들은 '자금의 조달과 지출'이라는 관점에서 장부를 정리했고, '자금을 조달해주는 사람'을 '대변(Credit)', '사용하는 사람'을 '차변(Debt)'으로 기록했습니다.

이와 같은 복식부기 사용이 확대되면서 자금의 출처는 대변, 자금의 사용처는 차변으로 기록하게 된 것이죠. 이때 돈을 조달하는 방법에는 남에게서 돈을 빌리거나(부채), 내 돈을 투자하거나(자본), 물건을 팔거나 서비스를 제공한 대가로 돈을 받는 것(수익)이 있습니다. 반대로 돈을 쓰는 것은 사업에 사용하기 위해서 무언가를 사거나(자산), 돈을 사용(비용)하는 경우가 되겠죠. 돈을 사용하지 않고 그대로 가지고 있는 경우(예금 등)도 조달한 돈을 사용하는 방식 중 하나로 볼 수 있습니다.

이렇게 정리하면 회계를 잘 모르는 상태에서 차변과 대변의 의미를 이해하기가 좀 더 쉬워집니다. 여기에 다음 내용까지 이해하면 재무회계의 5부 능선을 넘었다고 해도 과언이 아닙니다.

---

* Alan Sangster, The Genesis of Double Entry Bookkeeping, The Accounting Review, Vol.91, Issue 1, 2016.

> (차변) 자산＋비용 ＝ (대변) 부채＋자본＋수익

:: 거래는 자산, 비용, 부채, 수익 4요소의 결합

기업활동을 하다보면 여러 가지 돈이 오가는 사건이 발생하는데, 이를 '거래'라고 합니다. 앞서 설명했듯이 거래는 기중, 즉 회계기간 중에 항상 발생합니다. 회계기간은 통상 '1년'을 기준으로 하되, 합병과 같은 특별한 사건이 생기면 이보다 짧아지기도 합니다.

이 기중의 거래를 기록하는 작업이 '분개'입니다. 분개는 한자로 '나눌 분(分)', '기록할 개(介, '소개'의 '개'와 같은 한자이나, 여기서는 기록한다는 뜻으로 사용됩니다)'입니다. 회계의 거래가 복식부기방식에 따라 차변과 대변으로 나누어 기록되기 때문에 분개라고 부르는 것이죠.

거래가 발생하면 장부의 좌변(차변)과 우변(대변)에 똑같은 금액을 기록하기 때문에 좌변의 합과 우변의 합은 항상 같아집니다. 따라서 차변항목인 '자산과 비용의 합계'와 대변항목인 '부채, 자본, 수익의 합계'가 같아지는 위의 박스에 있는 공식이 성립하게 됩니다.

이때 기중에 발생하는 자본과 관련된 거래는 1~2번에 불과합니다. 기중에 증자(자본을 증가시키는 것) 혹은 감자(자본을 감소시키는 것)를 하거나, 배당금을 주는 경우 등이 이런 거래에 해당하죠. 이외에 대부분의 거래는 자산, 비용, 부채, 수익 4가지 요소 간의 결합이라고 볼 수 있습니다.

이 4가지 요소가 차변과 대변에 다음과 같은 방식으로 나타납니다.

(차변)	(대변)
자산의 증가	자산의 감소
부채의 감소	부채의 증가
비용의 발생	수익의 발생

위와 같이 자산과 부채는 '증가'할 때는 각각 차변과 대변에 기록되고, 반대로 '감소'할 때는 당연히 각각 반대편인 대변과 차변에 기록됩니다. 그래야 결산할 때 감소한 만큼 차감할 수 있으니까요.

이에 비해 수익과 비용은 각각 대변과 차변에만 기록되고 반대편에는 기록되지 않습니다. 왜 그럴까요? 수익과 비용은 자산과 부채의 증감이 손익에 영향을 미쳤는지를 표시해주는 역할만을 하는 항목이기 때문입니다. 군이 표현하자면 '휘발성 항목'이라고 할 수 있습니다. 즉, 자산이나 부채가 늘거나 줄었을 때 이것이 다른 자산이나 부채와 '교환'한 거래가 아니라면 결국 '수익이나 비용이 발생한' 거래라고 할 수 있는데, 이런 경우에 수익이나 비용은 자산과 부채를 거래한 사건의 '내용'을 기록한 것일 뿐 자산이나 부채와 같이 회계기간 말에 남아 있는 항목이 아니라는 것이죠.

예를 들어 수익이 발생하면 결과적으로 자산이 늘어나거나 부채가 감소하고, 비용이 발생하면 결과적으로 부채가 늘어나거나 자산이 감소합니다. 결국 수익과 비용은 '자산과 부채가 변화하게 된 이유'를 기록한 항목이 되는 것입니다. 따라서 자산이나 부채가 증가 또는 감소하는 경우에는 이것이 다른 자산이나 부채와의 교환을 통해 변화한 것인지, 아니면 수익활동에 따라 수익이나 비용이 증가해서 변화한 것인지를 명확히 확인하고 기록해야 합니다.

: : 재무제표에 당기순이익(순손실)이 나타나는 원리

복식부기로 기중의 거래를 기록할 때는 각 거래마다 차변과 대변에 동일한 금액을 기록하기 때문에 결과적으로 차변과 대변의 총액이 일치하게 됩니다. 즉, 앞쪽 박스의 내용을 기준으로 보면 다음과 같은 공식이 성립하는 것이죠.

(차변) 자산의 증가+부채의 감소+비용=(대변) 자산의 감소+부채의 증가+수익

기중의 거래에 따라 기록된 자산, 부채, 수익, 비용은 기말에 재무상태표와 손익계산서를 만들기 위해 다음 쪽 그림과 같이 각각 '재무상태표 항목(자산, 부채)'과 '손익계산서 항목(수익, 비용)'으로 구분해 기록됩니다.

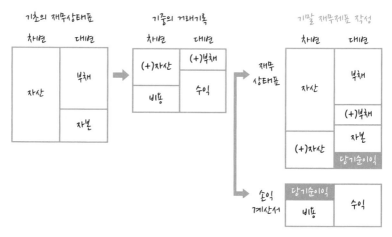

* 위의 그림에서는 이해를 돕기 위해 자산과 부채가 모두 늘어나는 경우를 가정했지만 기중의 거래에 따른 결과로 자산이나 부채가 감소하는 경우도 발생할 수 있습니다. 이런 경우에는 자산이 감소한 만큼 대변에, 부채가 감소한 만큼은 차변에 표시됩니다.

이렇게 구분한 다음 재무상태표 항목과 손익계산서 항목에서의 차변과 대변의 합계 간 차액을 비교해보면, 금액은 같은데 방향은 서로 좌우로 다르게 나타나는 부분이 있습니다. 예를 들어 재무상태표 항목의 합계는 차변이 10억 원 더 크다면, 손익계산서 항목의 합계는 대변이 10억 원 더 크게 나타나는 부분이 생기는 것이죠. 마치 레고블록처럼 똑같이 맞물리는 이 부분이 바로 위의 그림에서 진한 색상으로 표시된 '당기순이익(또는 당기순손실)'입니다.

이런 식으로 기중의 거래를 기반으로 재무상태표 항목과 손익계산서 항목을 분리하여 재무상태표와 손익계산서를 작성하는 것입니다.

02

수익과 비용은 언제 얼마큼 기록해야 할까?

기중의 거래는 자산 간 거래(외상판매 후 나중에 현금을 받는 거래 등)나 자산과 부채 간 거래(현금을 주고 부채를 갚는 거래 등)와 같은 재무상태표 항목(자산, 부채) 간 거래도 있지만, 대부분은 수익이나 비용이 발생하는 거래입니다.

그런데 수익과 비용이 발생하는 시점을 결정하기가 그리 간단하지 않습니다. 예를 들어 제품을 할부로 판매할 경우 수익은 언제 발생하는 걸까요? 이 경우 '판매시점'으로 볼지 아니면 '돈을 받는 시점'으로 볼지부터 결정해야 합니다. 외상으로 파니까 판매시점으로 인식해야 한다고 생각할 수 있지만, 2~3년에 걸친 장기 할부판매라면 정말 판매시점으로 인식해도 되나 하고 고민할 수밖에 없습니다. 그래서 수익과 비용의 인식과 관련해서는 몇 가지 원칙을 세우고 이를 적용하게 됩니다. 이와 관련해 다음 3가지 원칙을 기억하기 바랍니다.

∷ 발생주의

수익과 비용을 현금이 들어오는 시점이 아닌, '실제 거래가 발생한 시점'에서 인식해야 한다는 원칙입니다. 즉, 상품을 외상으로 팔고 나서 구매하는 사람에게 인도했다면 수익이 발생했다고 인식해야 한다는 것이죠. 반면에 주문은 받았지만 상품을 인도하지 않았다면 아직 수익이 발생하지 않았다고 봐야 합니다.

용역을 제공한 경우에도 수익이 발생한 시점은 계약을 한 시점이 아닌 계약에 따라 '실제 용역을 제공하는 시점'으로 봅니다. 예를 들어 다음달부터 3개월 간 매일 청소를 해주기로 계약을 했다면, 계약한 날짜가 아닌 실제 청소를 시작한 날부터 수익이 발생한다고 보면 됩니다.

그럼 건설공사처럼 여러 해에 걸쳐 용역을 제공하는 경우에는 수익을 어떻게 인식해야 할까요? 이 경우 공사가 어느 정도 진행되었는지를 추정하고, 그 '진행된 만큼만' 수익으로 인식합니다. 예를 들어 계약한 금액이 100인데 공사진척도가 30%라면 30만큼만 수익으로 인식하면 되겠죠. 만약 그 다음해에 진척도가 70%로 늘어났다면 그 늘어난 40(70-30)만큼을 수익으로 인식하면 됩니다.

∷ 수익 · 비용 대응의 원칙

수익이 발생하면 그와 관련해 발생한 비용도 인식해야 한다는 원칙입니다. 얼핏 당연한 말 같지만 수익이 발생했을 때 관련 비용이 발생하지 않는 경우도 있습니다. 예를 들어 기업에서 수익창출을 위해 기계장치를 샀다고 가정해보겠습니다. 이런 경우 회계에서는 기계장치 구매금액을 비용으로 처리하지 않고 구매금액 전체를 '자산(기계장치)'으로 처리합니다. 이러면 보통 기계장치 구매 후 1~2년 간은 수리비도 거의 들지 않으니 기계장치를 운용해서 수익이 창출되더라도 비용이 발생하지 않게 됩니다.

그래서 회계에서는 일정 기간(이를 '내용년수'라고 합니다)을 정해놓고 매년 해당 기계장치의 구매금액 중 일정 금액 또는 일정 비율을 비용으로 인식하도록 하고 있는데, 이를 '감가상각비'라고 합니다.

이 경우 회계처리는 다음 그림과 같이 차변에는 감가상각비, 대변에는 감가상각누계액(매해 누적된 감가상각비 총액)으로 기록합니다. 이때 감

| 감가상각비와 감가상각누계액 |

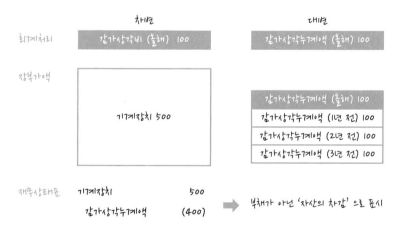

가상각누계액은 부채가 아닌 자산의 차감 계정이어서, 그림처럼 재무상태표에는 부채가 아닌 원래 구매했던 기계장치에서 감각상각누계액을 차감하는 방식으로 기록합니다. 즉, 앞의 그림처럼 만약 기계장치를 500원에 구입하고 나서 매년 100원씩을 감가상각비로 처리하여 올해가 4년째라면 감가상각누계액은 총 400원이 되는데, 이를 재무상태표에서는 기계장치 금액은 500원으로 두고 감가상각누계액 400원을 차감(괄호로 표시)하는 형태로 기록합니다.

이렇게 회계처리하는 이유는 무작정 자산인 기계장치 금액을 차감하면 원래 기계장치가 얼마였고 얼마나 사용했는지 알 수 없기 때문에 정보이용자에게 보다 정확한 정보를 알려주기 위함이라고 할 수 있습니다.

위와 같은 회계처리방법은 '간접법'이라고 하는데, 자산인 기계장치 금액을 바로 차감하는 '직접법'을 사용할 수도 있습니다. 예를 들어 위의 사례와 동일한 상황에서 직접법을 사용하면 다음 그림과 같이 차변에는 감가상각비를, 대변에는 기계장치를 기록하고, 재무상태표에는 누적된 감가상각비를 차감한 잔액(500원–400원)만 기록하게 됩니다.

그러면 어떤 경우에 직접법을 사용할까요? 여러 사업을 영위하는

| 직접법을 이용한 감가상각비 처리방법 |

	차변	대변
회계처리	감가상각비 (올해) 100	기계장치 100
재무상태표	기계장치 100	

대기업에서는 기업의 사업구조가 복잡하고 기계장치의 종류도 매우 많습니다. 따라서 이런 경우에는 간접법으로 표현해도 특별히 정보이용자에게 의미 있는 정보를 추가적으로 제공하지 못한다고 판단하여 직접법을 많이 사용하고 있습니다.

: : 계속기업의 원칙

회계는 '계속기업의 원칙'을 기준으로 합니다. 예를 들어 기업이 사업을 위해 땅을 사서 그 위에 공장을 지었는데, 개발호재 덕분에 땅값이 폭등했다면 어떻게 해야 할까요? 심리적으로는 땅값 인상을 자산증가로 인식할지 모르지만, 회계 측면에서는 아무런 처리도 하지 않습니다. 공장부지의 가치가 올랐더라도 기업 입장에서는 공장운영을 위해 계속 가지고 있어야 하기 때문입니다. 즉, 공장을 이전하거나 사업을 정리하기 위해 공장부지를 팔아서 돈을 벌 것이 아니라면 기업에서는 공장운영을 위해 계속해서 해당 부지를 사용할 것이기 때문이죠.

이와 같이 사업을 계속한다는 전제 하에 회계처리를 하는 것을 '계속기업의 원칙'이라고 합니다. 위의 사례와 같은 이치로 내가 내 기업처럼 운영하기 위해 투자한 자회사의 주식이 상장되어 엄청나게 주가가 오르더라도 회계상으로는 주식을 평가한 이익을 반영하지 않습니다. 자회사에 투자한 목적이 해당 기업을 매각해서 이익을 얻는 데 있지 않고 직접적으로 사업을 운영하는 데 있기 때문입니다.

03

분개 :

실제로 거래를 기록해보자!

그럼 지금까지 배운 내용을 가지고 사례를 통해 거래를 기록하는 방법을 익혀보겠습니다. 앞서 설명했듯이 기중의 거래를 차변과 대변으로 나누어 기록하는 것을 '분개'라고 합니다. 기업에서 이루어지는 모든 거래는 분개를 이용해 기록하고, 그 결과를 정리한 장부가 앞에서 언급한 '재무상태표'와 '손익계산서'입니다.

회계부서 실무자가 아니라면 직접 분개를 해본 경험은 없을 것입니다. 하지만 분개를 이해하면 거래의 실체를 보다 쉽게 파악할 수 있고, 특히 정상적인 거래인지 아닌지를 분별할 수 있게 됩니다.

:: 거래는 결국 자산이 늘었는지 줄었는지를 표시하는 것

    분개가 처음이라면 거래가 발생했을 때 어떻게 기록할지 막막할 것입니다. 이럴 때는 '자산을 먼저 기록하는 방법'이 가장 좋습니다. 통상 거래가 발생하면 '자산'이 늘어나거나 줄어들기 때문이죠. 이때 자산이 늘어나면 '차변'에, 줄어들면 '대변'에 기록하면 됩니다.

    원가산출을 위해 비용을 재분류하거나, 앞서 설명한 수익·비용 대응의 원칙에 따라 감가상각비를 인위적으로 기록하는 경우(48쪽 참조) 등을 제외하면, 대부분의 거래는 '자산의 증감과 그에 따른 꼬리표 붙이기 과정'이라고 볼 수 있습니다. 즉, 다음 그림처럼 자산이 늘어나면 그 원인이 수익이 발생해서인지, 부채나 자본을 조달해서인지, 다

| 자산과 자산의 꼬리표 붙이기 |

른 자산과의 교환 때문인지를 일종의 꼬리표처럼 기록하면 됩니다. 반대로 자산이 줄어들면 그 원인이 비용이 발생해서인지, 부채나 (드물지만) 자본이 줄어서인지, 다른 자산이 생겨서인지를 꼬리표처럼 붙여주면 됩니다. 이런 방식으로 기록하면 어렵지 않게 분개를 해볼 수 있습니다.

:: 실전! 거래기록 분개해보기

그럼 다음과 같이 풀빵 만드는 사업을 시작하기로 한 철수가 사업에 필요한 자금을 마련할 때부터 실제 사업을 운영하며 수익을 낼 때까지의 과정을 따라가며 분개를 해보겠습니다.

① 철수는 그 동안 모은 현금100만 원을 사업에 투자하기로 했습니다.

철수 입장에서는 '현금'이라는 '자산'이 생기는 거래이므로 좌측 '차변'에 '현금 100만 원'을 적어줍니다. 그럼 우측 대변에는 그에 따른 꼬리표를 넣어줘야겠죠. 이 거래에서는 자산이 왜 생겼나요? 바로 철수가 자신의 돈을 사업에 투자했기 때문에 생겼습니다. 따라서 철수가 투자한 돈인 '자본'이 자산에 대한 꼬리표가 됩니다. 실제 분개에서는 자본항목 중 직접 투자한 금액을 의미하는 '자본금'이라는 항목으로 꼬리표를 붙여서 정리해주면 됩니다.

차변) 현금 100만 원   대변) 자본금 100만 원

② 엄마가 철수를 위해 현금 100만 원을 빌려주고 10년 뒤에 갚으라고 했습니다.

①과 동일하게 '현금'이라는 '자산'이 생기는 거래입니다. 좌측 차변에 현금 100만 원, 우측 대변에는 그에 따른 꼬리표를 기록하면 되겠죠. 그런데 이번에는 철수 자신의 돈이 아닌 '빌린 돈'입니다. 즉, '부채'가 발생했습니다. 그런데 엄마가 빌려준 돈을 10년 뒤에 갚으라고 했기 때문에 부채항목 중 '장기차입금'이라는 항목으로 기록합니다. 참고로 만기가 '1년 이상'인 차입금은 장기차입금, '1년 미만'이면 단기차입금으로 구분합니다.

차변) 현금 100만 원   대변) 장기차입금 100만 원

③ 철수는 풀빵 만드는 기계와 포장마차를 각각 50만 원에 사고 현금으로 지불했습니다.

이 거래에서는 풀빵기계와 포장마차가 생겼습니다. 즉, '자산'이 증가했죠. 그럼 자산이 증가한 이유(꼬리표)는 뭘까요? 바로 철수가 가지고 있던 다른 '자산'인 '현금'을 대가로 지급했기 때문이죠. 따라서 차변에는 풀빵기계와 포장마차 구매금액을, 대변에는 현금을 기록합니다.

여기서는 풀빵기계와 포장마차 모두 사업을 위한 설비라고 보고 '기계장치'라는 항목으로 합쳐서 기록했습니다.

차변) 기계장치 100만 원 　　　 대변) 현금 100만 원

*기계장치(풀빵기계와 포장마차)는 사업을 하기 위해 장기간 사용하는 자산으로, 재무상태표에서는 '고정자산'으로 분류합니다.

　만약 철수가 풀빵기계와 포장마차를 외상으로 구입했다면 어떻게 분개할까요? 이 경우 거래에 대한 대가로 자산(현금)을 사용하지 않고 부채가 생기는 셈이므로, 대변에는 '부채'인 '미지급금'을 기록합니다.

④ 철수는 풀빵재료를 외상으로 30만 원에 사면서 한 달 뒤에 외상값을 주기로 했습니다.

　풀빵 만들 재료(원재료)를 새로운 '자산'으로 얻었습니다. 철수는 이 자산을 어떻게 얻었나요? 즉, 이 자산의 꼬리표는 무엇인가요? 외상으로 달아놓았죠. 회계에서는 이 외상값을 '매입채무'라는 용어로 부릅니다. 이때 기계장치와 같은 고정자산을 외상으로 구매할 때는 '미지급금'이라는 용어를 사용하고, 위의 사례처럼 제품을 만들어 팔기 위해 매입한 자산, 즉 재고자산을 구매할 때는 '매입채무'라는 용어를 사용합니다. 매입채무는 나중에 주기로 한 것이니 '부채'가 됩니다.

차변) 원재료 30만 원 　　　 대변) 매입채무 30만 원

⑤ 철수는 20만 원에 상당하는 재료로 풀빵을 200개 만들었습니다.

이 거래에서 새로 생긴 '자산'은 무엇인가요? 바로 '풀빵'입니다. 풀빵은 팔기 위해 만들었으므로 자산 중에서 '제품'이 됩니다. 그럼 제품(풀빵)을 만들기 위해 무엇이 쓰였나요? 앞선 사례에서 30만 원을 주고 산 원재료(풀빵재료) 중 20만 원어치를 사용했습니다. 물론 이런 경우 보통 원재료뿐만 아니라 식용유 등의 부재료와 기계를 돌리기 위한 전기료 등 각종 비용도 원가에 포함되어야 하고, 철수가 다른 사람을 고용해서 풀빵을 만들었다면 인건비도 포함되어야 합니다. 그렇지만 여기서는 단순하게 20만 원어치의 원재료만 제품으로 바뀐 것으로 가정하겠습니다.

차변) 제품 20만 원　　대변) 원재료 20만 원

⑥ 철수는 풀빵 100개를 외상으로 판매하면서 외상값을 한 달 뒤에 받기로 했습니다.

드디어 제품을 팔아서 수익이 발생했기 때문에 우리에게 익숙한 '매출'이라는 항목이 기록됩니다. 이때 팔았다는 말로 '수익'이 발생했다는 사실은 알게 되었지만, 이에 따라 어떤 '자산'이 들어왔는지를 살펴봐야 합니다. 이 거래에서는 철수가 풀빵을 외상으로 팔았으므로 '외상값을 나중에 현금으로 받을 수 있는 권리'를 의미하는 '매출채권'이 발생합니다. 50만 원에 팔았으니 매출채권은 50만 원이 되겠죠. 그리고 반대쪽에는 수익인 매출도 50만 원이 기록됩니다.

그런데 철수 입장에서 받기만 할 수는 없습니다. 물건을 팔았으니 상대방에게도 뭔가를 줘야겠죠. 여기서는 만들어서 파는 물건인 '제품'을 거래상대방에게 줘야 합니다. 그럼 이 제품의 가치는 얼마로 기록해야 할까요? 철수는 풀빵 200개를 만들면서 원가인 원재료를 20만 원 썼으므로 풀빵 1개당 원가는 1/200인 1,000원이 됩니다. 그러면 풀빵 100개의 원가는 10만 원이 되겠죠. 따라서 10만 원에 해당하는 '제품'을 철수의 자산목록에서 지워야 합니다. 즉, 대변에 '자산의 차감'을 기록해야 합니다. 그럼 반대쪽 계정인 차변에는 무엇을 기록해야 할까요? 바로 '매출'이라는 수익에 대응하는 비용인 '매출원가'를 기록하면 됩니다.

차변) 매출채권 50만 원	대변) 매출 50만 원
매출원가 10만 원	제품 10만 원

⑦ 철수는 사업을 시작한 지 1년이 지나서 풀빵기계와 포장마차(내용년수 5년)에 대한 감가상각비를 각각 10만 원씩 설정했습니다.

앞서 설명했듯이 '감가상각비'는 건물이나 기계장치와 같이 일정 시간이 지나면 가치가 떨어지거나 다시 짓거나 구매해야 하는 자산의 가치를 사용하는 기간(내용년수) 동안에 나눠서 비용으로 처리하는 것을 말합니다. 감가상각방법은 매년 같은 금액을 비용으로 처리(상각)하는 '정액법'과 원래 투자 또는 구매한 금액의 일정 비율을 비용으로 처리(상각)하는 '정률법'으로 나눌 수 있는데, 통상 '정액법'을 많이 사용합니다.

여기서는 기계장치(풀빵기계와 포장마차)를 5년 동안 정액법으로 상각한다고 가정하여 최초 투자금액인 100만 원의 1/5인 20만 원을 상각했습니다. 참고로 이런 거래가 바로 앞서 설명한 '수익·비용 대응의 원칙'에 따라 실제 자산이 증가하거나 감소하지 않았는데도 분개를 하는 예외적 사례에 해당합니다. 이 사례의 경우 제품(풀빵)을 만드는 데 기계를 사용함에 따라 해당 기계(자산)의 가치가 떨어졌다고 보는 것이 합리적이기 때문에, 가치가 떨어진 만큼 자산을 차감하고 이를 비용으로 처리한다고 생각하면 됩니다.

그럼 감가상각비의 반대쪽에는 어떤 항목을 기록해야 할까요? 바로 앞서 설명했던 '감가상각누계액'이라는 계정을 사용합니다(49쪽 참조). 이는 원래 기계를 구매했던 금액을 재무상태표에 나타내기 위해 사용하는 계정으로, 자산을 차감하는 것과 동일한 의미로 보면 됩니다. 그리고 자산을 차감한 것에 대한 반대 계정을 비용인 감가상각비로 보고 차변에 기록한 것입니다.

차변)

(기계장치) 감가상각비　20만 원

대변)

(기계장치) 감가상각누계액　20만 원

:: 실전! 거래기록 결산해보기

　자, 그럼 이제 철수가 사업을 시작한 지 1년이 지났다고 가정하고 재무상태표와 손익계산서를 만들어볼까요? 우선 다음 표와 같이 앞에서 분개한 항목들을 재무상태표 항목(자산, 부채, 자본)과 손익계산서 항목(수익, 비용)으로 나눕니다.

　재무상태표 항목을 보면 현금과 원재료 등의 항목이 차변과 대변 양쪽에 기록되어 있음을 알 수 있습니다. 이처럼 재무상태표에는 각 항목의 증가 또는 감소한 내역이 서로 반대편에 기록됩니다. 이와 달리 손익계산서에는 비용과 수익항목이 각각 차변과 대변에만 기록됩니다.

| 재무상태표와 손익계산서 항목 분리 |

	차변		대변	
재무상태표 항목	현금	200만 원	현금	100만 원
	매출채권	50만 원	원재료	20만 원
	원재료	30만 원	제품	10만 원
	제품	20만 원	기계장치 감가상각누계액	20만 원
	기계장치	100만 원	매입채무	30만 원
			장기차입금	100만 원
			자본금	100만 원
	합계	400만 원	합계	380만 원

	차변		대변	
손익계산서 항목	매출원가	10만 원	매출	50만 원
	기계장치 감가상각비	20만 원		
	합계	30만 원	합계	50만 원

참고로 위와 같이 기중에 발생한 모든 거래내역, 즉 차변과 대변에 기록되는 모든 재무상태표와 손익계산서 항목을 합해서 보여주는 표를 '합계시산표'라고 합니다. 합계시산표상으로 차변과 대변의 합계금액이 똑같다면 누락된 거래내용이 없다고 보고 일단 안심을 할 수 있습니다.

재무상태표를 만들 때는 각 항목에서 감소한 내역을 '차감한 결과'로 표시합니다. 예를 들어 앞의 표에서는 현금이 차변(증가)에 200만 원, 대변(감소)에 100만 원 기록되어 있는데, 이 경우 재무상태표에는 200만 원에서 100만 원을 뺀 100만 원만을 차변에 표시하고, 대변의 100만 원은 지우는 식으로 표시합니다.

앞의 사례를 보면 재무상태표 항목들의 합계는 차변(400만 원)이 대변(380만 원)보다 크고, 손익계산서 항목들의 합계는 대변(50만 원)이 차변(30만 원)보다 크다는 사실을 알 수 있습니다. 그리고 그 차이가 20만 원으로 '동일'합니다. 이때 손익계산서 항목의 대변합계가 차변보다 크다는 것은 수익이 비용보다 많음을 의미하고, 그 차액인 '이익'이 실제 손익계산서상 차변에 기재해야 하는 금액이 됩니다. 이때의 이익은 이번 사업기간, 즉 '1년간 발생한 순이익'이라는 의미로 '당기순이익'이라고 부르고, 이와 동일한 금액을 재무상태표 대변에 '이익잉여금'으로 기록하게 됩니다. 분개를 한다면 이렇게 되겠죠.

차변) 당기순이익 20만 원　　　대변) 이익잉여금 20만 원

이렇게 재무상태표와 손익계산서 항목이 모두 정리되었습니다. 이제 실제 재무상태표와 손익계산서를 만들면 되겠죠. 이때 재무상태표 항목을 재무상태표에 기록할 때는 '유동성배열법'을 따릅니다. 당장 현금으로 바꿀 수 있는 자산이나 단기간에 갚아야 할 부채부터 기록한다는 의미입니다. 이 배열법에 따라 현금화가 가능한 유동자산을 재무상태표 위쪽에, 토지·건물 등 비유동자산을 아래쪽에 배열합니다. 이런 식으로 배열하면 다음 표와 같은 재무상태표가 완성됩니다.

이에 비해 손익계산서는 일반적으로 차변과 대변으로 나누는 형태로 기록하지 않고 매출항목부터 시작해서 차례로 내려쓰는 방식으로 기록합니다. 다만 여기서는 분개의 결과가 어떻게 손익계산서로 만들

| 재무상태표와 손익계산서 |

재무상태표

자산		부채	
현금	100만 원	매입채무	30만 원
매출채권	50만 원	장기차입금	100만 원
원재료	10만 원		
제품	10만 원	자본	
기계장치	100만 원	자본금	100만 원
감가상각누계액	(20만 원)	이익잉여금	20만 원
자산 총계	250만 원	부채와 자본 총계	250만 원

손익계산서

매출원가	10만 원	매출	50만 원
기계장치 감가상각비	20만 원		
당기순이익	20만 원		

어지는지 보여주는 데 목적이 있기 때문에 앞의 표와 같이 차변과 대변으로 나눠 손익을 기록했습니다.

:: 분개를 하면 거래의 실체가 보인다

왜 분개를 해보면 거래의 실체를 파악하기 쉬워질까요?

첫째, 분개를 하면 일부러 거래를 누락하거나 금액을 틀리게 기입하지 않는 한 거래를 제대로 기록했다는 확신을 가질 수 있습니다. 좌우에 동일한 금액을 기입하기 때문에 나중에 모든 거래기록을 합산한 결과 좌우 금액이 동일하다면 제대로 기록했다고 확신할 수 있죠.

둘째, 분개결과를 통해 금전출납부처럼 돈의 흐름만 알 수 있는 것이 아니라 전체 재산상태의 변화와 손익을 확인할 수 있습니다.

셋째, 분개를 하면 거래가 정상적으로 이루어졌는지를 확인할 수 있습니다. 과거 인터넷 벤처기업이 우후죽순 생길 때 일부 기업이 서로 광고매출을 주고받아 문제가 된 적이 있습니다. 얼핏 생각하면 어차피 양쪽에서 서로 광고를 해주고 단지 현금을 주고받지 않았을 뿐인데 뭐가 문제냐고 항변할 수 있겠죠. 그럼 왜 문제가 될까요?

이를 확인하기 위해 먼저 분개를 해보겠습니다. 예를 들어 A와 B라는 벤처기업이 서로 100만 원에 해당하는 광고매출을 주고받았다고 가정하겠습니다. 이 거래를 어떻게 분개해야 할까요? 서로 광고매출을 주고받았기 때문에 차변과 대변에 100만 원씩 기록해야 합니다.

이를 A기업 입장을 기준으로 보면 우선 매출이 발생했으니 100만 원을 광고매출로 대변에 기록합니다. 그럼 차변에는 무엇을 기재하면 될까요? 매출이 일어났으니 '자산'이 들어와야 합니다. 그런데 이 경우 실제로는 '자산(현금)'이 들어오지도 나가지도 않았으니 차변에는 다음과 같이 자산이 아닌 '비용'인 '광고비'를 기록해야 합니다. 결국 제대로 된 거래가 아닌 셈이죠.

차변) 광고비 100만원   대변) 광고매출 100만원

그럼 서로 주고받은 거래를 다음과 같이 각각 처리하면 되지 않느냐고 생각할 수도 있습니다.

차변) 현금   100만 원   대변) 광고매출   100만 원

차변) 광고비   100만 원   대변) 현금   100만 원

하지만 실제로는 현금을 주고받지 않은 거래이므로 위와 같이 처리하면 '부정한' 회계처리가 됩니다. 이를 현금이 아닌 매출채권과 매입채무로 처리해도 역시 문제가 됩니다. 채권과 채무는 일정 기간 후에 자산(현금 등)을 주고받기로 한 권리와 의무로서, 그 권리와 의무가 실행되지 않으면 없어지지 않습니다.

이처럼 거래를 기록할 때는 좌우(차변과 대변)의 금액이 같다고 해서 필요한 기록을 생략하거나 해서는 안 되며 발생한 그대로 기록해야 합

니다. 만일 위와 같은 회계처리가 가능하다면 매출 10조나 100조를 만드는 일도 손쉽게 할 수 있겠죠. 따라서 위의 거래방식은 정상적이지 않다고 보면 됩니다. 이와 같이 분개는 거래의 실체를 파악하는 데 유용하게 활용될 수 있습니다.

거래는 어떻게 재무제표로 만들어질까?

여기에서는 재무제표에는 어떤 것들이 있고, 서로 어떤 관계를 가지는지 알아보겠습니다. 재무제표는 크게 4종류가 있습니다. 바로 '재무상태표, 손익계산서, 자본변동표, 현금흐름표'입니다. 원칙적으로는 '재무제표에 대한 주석'까지 5종류를 '재무제표'라고 하지만, 주석은 말 그대로 각 재무제표에 대한 주석사항을 정리한 내용이기 때문에, 표로써 일목요연하게 정리된 재무제표는 4종류라고 봐도 무방합니다.

이 중에서 재무상태표와 손익계산서는 앞에서 작성과정을 함께 살펴봤고, 여러분도 이미 접해봤을 것입니다. 특히 손익계산서는 처음 보더라도 내용을 직관적으로 이해할 수 있습니다. 이에 비해 현금흐름표나 자본변동표는 경영학을 전공하거나 회계에 대한 기본상식이 없으면 생소할 수 있습니다.

그럼 4가지 재무제표가 무엇인지부터 알아보겠습니다. 각 재무제표의 정의는 다음과 같습니다.

> - 재무상태표 : 일정 시점에 기업이 보유하고 있는 자산, 부채 및 자본의 구성상태를 나타내기 위해 작성되는 재무보고서
> - 손익계산서 : 일정 기간 동안 기업의 성과에 관한 정보를 제공해주는 재무보고서
> - 자본변동표 : 일정 기간 동안 자본(주주지분)의 변동내용을 상세히 보여주는 재무보고서
> - 현금흐름표 : 일정 기간 동안 기업의 현금유입 및 유출 내용을 표시하는 재무보고서

* 출처 : 《IFRS 회계원리》, 이효익 외, 2022.1.

:: 4가지 재무제표의 작성흐름

위의 정의를 보면 '재무상태표'는 '일정 시점'을 기준으로 하고, '손익계산서, 현금흐름표, 자본변동표'는 '일정 기간' 동안 발생한 내용을 정리한 재무제표임을 알 수 있습니다. 예를 들어 2021년 12월 31일을 기준으로 한다면, 해당 시점의 자산·부채·자본상태는 재무상태표로, 2021년 중에 발생한 거래나 자본의 변동사항은 손익계산서, 현금흐름표, 자본변동표로 확인할 수 있습니다. 즉, 재무상태표는 '특정 시점'을 기준으로 한 '정적인' 재무제표, 기타 재무제표는 '일정 기간 동안'의 기업활동을 정리한 '동적인' 재무제표라고 할 수 있겠죠.

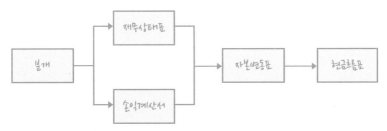

그러면 2021년 기중에는 4개 재무제표의 기반이 되는 모든 회계기록을 할까요? 답은 '아니다'입니다. 기중에는 장부기입부터 시작되는 몇 개의 회계처리과정을 거치긴 하지만, 결론적으로는 나중에 재무상태표와 손익계산서에 들어갈 항목만을 기록합니다.

이렇게 기중에 분개한 내용을 기말에 정리함으로써 '재무상태표'와 '손익계산서'가 만들어집니다. 이후 기중의 자본변동 사항을 일목요연하게 정리하면 '자본변동표'가 됩니다. 그리고 이렇게 3개의 재무제표 작성이 완료되어야 '현금흐름표'를 작성할 수 있습니다. 따라서 재무제표의 작성순서가 명확히 정해져 있지는 않지만 현금흐름표가 가장 마지막에 작성된다고 보면 됩니다.

재 무 상 태 표

제×기 20××년×월×일 현재
제×기 20××년×월×일 현재

기업명 (단위 : 원)

과　　　　　목	당 기	전 기
자　산		
유동자산	×××	×××
당좌자산	×××	×××
현금및현금성자산	×××	×××
단기투자자산	×××	×××
매출채권	×××	×××
선급비용	×××	×××
이연법인세자산	×××	×××
……	×××	×××
재고자산	×××	×××
제품	×××	×××
재공품	×××	×××
원재료	×××	×××
……	×××	×××
비유동자산	×××	×××
투자자산	×××	×××
투자부동산	×××	×××
장기투자증권	×××	×××
지분법적용투자주식	×××	×××
……	×××	×××
유형자산	×××	×××
토지	×××	×××
설비자산	×××	×××
(-) 감가상각누계액	(×××)	(×××)
건설중인자산	×××	×××
……	×××	×××
무형자산	×××	×××
영업권	×××	×××
산업재산권	×××	×××
개발비	×××	×××
……	×××	×××
기타비유동자산	×××	×××
이연법인세자산	×××	×××
……	×××	×××
자 산 총 계	×××	×××

*출처 : 일반기업회계기준, 한국회계기준원 회계기준위원회, 2018.

과 목	당 기	전 기
부 채		
유동부채	×××	×××
단기차입금	×××	×××
매입채무	×××	×××
당기법인세부채	×××	×××
미지급비용	×××	×××
이연법인세부채	×××	×××
......	×××	×××
비유동부채	×××	×××
사채	×××	×××
신주인수권부사채	×××	×××
전환사채	×××	×××
장기차입금	×××	×××
퇴직급여충당부채	×××	×××
장기제품보증충당부채	×××	×××
이연법인세부채	×××	×××
......	×××	×××
부 채 총 계	×××	×××
자 본		
자본금	×××	×××
보통주자본금	×××	×××
우선주자본금	×××	×××
자본잉여금	×××	×××
주식발행초과금	×××	×××
......	×××	×××
자본조정	×××	×××
자기주식	×××	×××
......	×××	×××
기타포괄손익누계액	×××	×××
매도가능증권평가손익	×××	×××
해외사업환산손익	×××	×××
현금흐름위험회피	×××	×××
파생상품평가손익	×××	×××
......		
이익잉여금(또는 결손금)	×××	×××
법정적립금	×××	×××
임의적립금	×××	×××
미처분이익잉여금	×××	×××
(또는 미처리결손금)		
자 본 총 계	×××	×××
부채 및 자본 총계	×××	×××

손 익 계 산 서

제×기 20××년×월×일부터   20××년×월×일까지
제×기 20××년×월×일부터   20××년×월×일까지

기업명   (단위 : 원)

과 목	당 기	전 기
매출액	×××	×××
매출원가	×××	×××
기초제품(또는 상품)재고액	×××	×××
당기제품제조원가	×××	×××
(또는 당기상품매입액)		
기말제품(또는 상품)재고액	(×××)	(×××)
매출총이익(또는 매출총손실)	×××	×××
판매비와관리비	×××	×××
급여	×××	×××
퇴직급여	×××	×××
복리후생비	×××	×××
임차료	×××	×××
접대비	×××	×××
감가상각비	×××	×××
무형자산상각비	×××	×××
세금과공과	×××	×××
광고선전비	×××	×××
연구비	×××	×××
경상개발비	×××	×××
대손상각비	×××	×××
……	×××	×××
영업이익(또는 영업손실)	×××	×××
영업외수익	×××	×××
이자수익	×××	×××
배당금수익	×××	×××
임대료	×××	×××
단기투자자산처분이익	×××	×××
단기투자자산평가이익	×××	×××
외환차익	×××	×××
외화환산이익	×××	×××
지분법이익	×××	×××
장기투자증권손상차손환입	×××	×××
유형자산처분이익	×××	×××
사채상환이익	×××	×××
전기오류수정이익	×××	×××
……	×××	×××

영업외비용		×××	×××
이자비용	×××	×××	
기타의대손상각비	×××	×××	
단기투자자산처분손실	×××	×××	
단기투자자산평가손실	×××	×××	
재고자산감모손실	×××	×××	
외환차손	×××	×××	
외화환산손실	×××	×××	
기부금	×××	×××	
지분법손실	×××	×××	
장기투자증권손상차손	×××	×××	
유형자산처분손실	×××	×××	
사채상환손실	×××	×××	
전기오류수정손실	×××	×××	
……	×××	×××	
법인세비용차감전순손익		×××	×××
법인세비용		×××	×××
당기순이익(또는 당기순손실)		×××	×××

자 본 변 동 표

제×기 20××년×월×일부터   20××년×월×일까지
세×기 20××년×월×일부터   20××년×월×일까지

기업명   (단위 : 원)

구 분	자본금	자본 잉여금	자본조정	기타포괄 손익누계액	이익 잉여금	총 계
20××.×.×(보고금액)	×××	×××	×××	×××	×××	×××
회계정책변경누적효과	(×××)	(×××)	(×××)	(×××)	(×××)	(×××)
전기오류수정	(×××)	(×××)	(×××)	(×××)	(×××)	(×××)
수정 후 자본	×××	×××	×××	×××	×××	×××
연차배당					(×××)	(×××)
처분 후 이익잉여금					×××	×××
중간배당					(×××)	(×××)
유상증자(감자)	×××	×××				×××
당기순이익(손실)					×××	×××
자기주식 취득			(×××)			(×××)
해외사업환산손익				(×××)		(×××)
20××.×.×	×××	×××	×××	×××	×××	×××
20××.×.×(보고금액)	×××	×××	×××	×××	×××	×××
회계정책변경누적효과	(×××)	(×××)	(×××)	(×××)	(×××)	(×××)
전기오류수정	(×××)	(×××)	(×××)	(×××)	(×××)	(×××)
수정 후 자본	×××	×××	×××	×××	×××	×××
연차배당					(×××)	(×××)
처분 후 이익잉여금					×××	×××
중간배당					(×××)	(×××)
유상증자(감자)	×××	×××				×××
당기순이익(손실)					×××	×××
자기주식 취득			(×××)			(×××)
매도가능증권평가손익				×××		×××
20××.×.×	×××	×××	×××	×××	×××	×××

현 금 흐 름 표

제×기 20××년×월×일부터   20××년×월×일까지
제×기 20××년×월×일부터   20××년×월×일까지

기업명   (단위 : 원)

과 목	당 기	전 기
영업활동으로 인한 현금흐름	×××	×××
매출등 수익활동으로부터의 유입액	×××	×××
매입 및 종업원에 대한 유출액	×××	×××
이자수익 유입액	×××	×××
배당금수익 유입액	×××	×××
이자비용 유출액	×××	×××
법인세의 지급	×××	×××
투자활동으로 인한 현금흐름	×××	×××
투자활동으로 인한 현금유입액		
단기투자자산의 처분	×××	×××
유가증권의 처분	×××	×××
토지의 처분	×××	×××
투자활동으로 인한 현금유출액		
현금의 단기대여	×××	×××
단기투자자산의 취득	×××	×××
유가증권의 취득	×××	×××
토지의 취득	×××	×××
개발비의 지급	×××	×××
재무활동으로 인한 현금흐름	×××	×××
재무활동으로 인한 현금유입액		
단기차입금의 차입	×××	×××
사채의 발행	×××	×××
보통주의 발행	×××	×××
재무활동으로 인한 현금유출액		
단기차입금의 상환	×××	×××
사채의 상환	×××	×××
유상감자	×××	×××
현금의 증가(감소)	×××	×××
기초의 현금	×××	×××
기말의 현금	×××	×××

현 금 흐 름 표

제×기 20××년×월×일부터   20××년×월×일까지
제×기 20××년×월×일부터   20××년×월×일까지

기업명   (단위 : 원)

과 목	당 기	전 기
영업활동으로 인한 현금흐름	×××	×××
당기순이익(손실)	×××	×××
현금의 유출이 없는 비용등의 가산		
감가상각비	×××	×××
퇴직급여	×××	×××
현금의 유입이 없는 수익등의 차감		
사채상환이익	×××	×××
영업활동으로 인한 자산·부채의 변동		
재고자산의 감소(증가)	×××	×××
매출채권의 감소(증가)	×××	×××
이연법인세자산의 감소(증가)	×××	×××
매입채무의 증가(감소)	×××	×××
당기법인세부채의 증가(감소)	×××	×××
이연법인세부채의 증가(감소)	×××	×××
투자활동으로 인한 현금흐름	×××	×××
투자활동으로 인한 현금유입액		
단기투자자산의 처분	×××	×××
유가증권의 처분	×××	×××
토지의 처분	×××	×××
투자활동으로 인한 현금유출액		
현금의 단기대여	×××	×××
단기투자자산의 취득	×××	×××
유가증권의 취득	×××	×××
토지의 취득	×××	×××
개발비의 지급	×××	×××
재무활동으로 인한 현금흐름	×××	×××
재무활동으로 인한 현금유입액		
단기차입금의 차입	×××	×××
사채의 발행	×××	×××
보통주의 발행	×××	×××
재무활동으로 인한 현금유출액		
단기차입금의 상환	×××	×××
사채의 상환	×××	×××
유상감자	×××	×××
현금의 증가(감소)	×××	×××
기초의 현금	×××	×××
기말의 현금	×××	×××

기업의 재무제표를 찾아보는 방법

국내 기업의 경우 '주식회사의 외부감사에 관한 법률('외감법'이라고 줄여서 부릅니다)' 시행령에 따라 다음 기준에 해당되면 독립된 외부감사인으로부터 감사를 받아야 하고, 감사보고서를 증권선물위원회와 한국공인회계사회에 제출해야 합니다.

- 직전 사업연도 말의 자산총액이 500억 원 이상인 회사
- 직전 사업연도의 매출액이 500억 원 이상인 회사
- 다음 각 목의 사항 중 3개 이상에 해당하지 않는 회사
  - 직전 사업연도 말의 자산총액이 120억 원 미만
  - 직전 사업연도 말의 부채총액이 70억 원 미만
  - 직전 사업연도의 매출액이 100억 원 미만
  - 직전 사업연도 말의 종업원이 100명 미만

위에서 설명한 내용이 복잡해 보이지만 한마디로 '상당히 큰 회사는 외부감사를 꼭 받아야 한다'라고 요약할 수 있습니다. 이를 반대로 해

석하면 일정 규모 이상이 되지 않는 중소기업의 재무제표는 외부에 제대로 공시되지 않으며, 감사도 받지 않으므로 믿을 만한 재무제표라고 할 수 없습니다. 이런 기업들에 대해 재무 관련 자료 제출을 요구할 수 있는 위치에 있는 은행이나 신용평가사 등에서는 통상 국세청에 제출하는 세무조정계산서를 요청합니다. 세무조정계산서를 보면 기본적으로 기업의 재무제표에서 출발하여 과세를 위한 금액조정을 하기 때문에 재무제표를 포함한 기업과 관련된 주요 정보를 확인할 수 있습니다. 하지만 일반인은 접근할 수 없는 정보라 할 수 있습니다.

:: DART(다트) 시스템 활용하기

코스피(KOSPI)나 코스닥(KOSDAQ) 상장법인의 경우 감사보고서뿐만 아니라 매 분기별로 사업현황을 보다 상세히 정리한 '사업보고서'를 제출해야 합니다. 따라서 투자자 등의 입장에서 상장기업에 대한 정보는 더 자주 더 많이 확인할 수 있습니다.

그럼 이렇게 제출된 감사보고서와 사업보고서는 어디에서 확인할 수 있을까요? 바로 금융감독원이 운영하는 '금융감독원 전자공시시스템(dart.fss.or.kr)'에서 확인할 수 있습니다. 보통 'DART(다트)'라고 부르는 이 시스템에 들어가면 금융감독원에 제출된 감사보고서와 사업보고서, 기타 공시자료를 확인할 수 있습니다.

DART 시스템은 1999년부터 운영되기 시작했으며, 덕분에 기업공시자료를 열람하기가 매우 쉬워졌습니다. 참고로 이 시스템이 나오기

불과 몇 해 전에 대학을 다녔던 필자는 논문준비를 위해 여의도에 있는 증권업협회에 가서 감사보고서를 일일이 복사해야 했습니다.

DART에 들어가려면 검색엔진에서 '전자공시시스템'을 검색해도 되고, 주소창에 직접 사이트 주소(https://dart.fss.or.kr)를 입력해서 접속해도 됩니다.

해당 사이트에 들어가서 다음 그림과 같이 통합검색창에 원하는 기업명을 입력하고 검색을 누르면 해당 기업이 공시한 각종 보고서와 법에 의해 공시해야 하는 기타 정보들을 확인할 수 있습니다.

| DART 초기 화면 |

예를 들어 검색창에 '삼성전자'를 입력하고 검색을 누르면 다음 쪽 그림과 같은 화면이 나옵니다. 그런데 통상 상장법인의 경우 주식 소유의 변동사항에 대한 공시가 빈번하게 이루어지기 때문에 사업보고

서나 반기보고서만을 골라서 보기가 쉽지 않습니다. 이런 경우 다음 그림처럼 검색창 아래 10개의 메뉴 중 좌측 상단에 있는 '정기공시'를 선택하면 사업보고서, 반기·분기보고서와 같은 정기보고서만을 골라서 볼 수 있습니다.

| DART 검색 화면 |

:: Kreport에서 재무정보 확인하기

만일 감사보고서를 제출하지 않는 중소기업이라면 다음 쪽 그림과 같은, 한국기업데이터가 제공하는 'Kreport(https://www.kreport.co.kr)' 등의 유료서비스를 통해 재무정보를 확인할 수 있습니다. 아무래도 외부감사를 받는 업체에 비해 확인할 수 있는 정보는 제한적일

| Kreport 서비스 |

수밖에 없지만, 다수의 중소기업과 거래를 하고 있는데 거래선의 신뢰
도를 일일이 확인하기 어려운 상황이라면 이 서비스가 거래선들의 대
략적인 현황이나 안정성 등을 확인하는 데 유용하다고 할 수 있습니다.

다양한 회계기준 비교 : 일반기업회계기준(K-GAAP), IFRS, K-IFRS, 중소기업회계기준

프롤로그에서 일반적으로 인정된 회계원칙인 'GAAP(Generally Accepted Accounting Principles)'에 대해 언급한 적이 있습니다. 과거에는 우리나라에서 사용하는 회계처리의 기준이 '기업회계기준' 하나였는데, 그것이 바로 GAAP이었습니다. 그렇지만 지금은 위의 제목에서 나열한 것처럼 회계처리의 기준이 무려 4가지나 있습니다. 이후 이 글을 이해하는 데 도움이 될 수 있도록 회계처리기준이 많아진 이유와 함께 각 회계기준의 특징 및 적용대상 기업에 대해 설명하겠습니다.

일반기업회계기준(K-GAAP)

우선 국내에서 사용하는 가장 기본적인 회계처리기준은 '일반기업회계기준'입니다. 그래서 이를 국내에서 일반적으로 인정된 회계원칙이라는 의미로 'K-GAAP'이라고 부릅니다. '기업회계기준'이 발전한 것이라고 보면 됩니다.

IFRS

'IFRS(International Financial Reporting Standards)'는 2002년에 국제

회계기준위원회(IASB, International Accounting Standards Board)라는 기관이 설립되면서 기존의 권고규정이었던 IAS(International Accounting Standards)를 현재의 이름으로 변경하고, 2005년부터 EU의 상장기업에게 사용을 의무화하면서 국제적으로 사용되기 시작한 회계기준입니다. 현재는 미국, 일본 등 일부 국가를 제외한 대부분의 국가에서 IFRS를 사용하고 있습니다.

K-IFRS

국내에서도 IFRS를 받아들여 별도의 규정을 추가하거나 변경하지 않고 사실상 IFRS를 번역한 '한국채택국제회계기준(K-IFRS)'을 제정하고, 2011년부터는 국제적인 신뢰도 확보가 필요한 상장기업(IPO 예정 기업 포함)과 금융기관에 적용을 의무화했습니다. 따라서 국내 기업이 IFRS를 따른다고 하면 K-IFRS를 따르는 것이라고 보면 됩니다.

중소기업회계기준

'중소기업회계기준'은 외부감사 대상이 아닌 작은 규모의 기업들에게 복잡한 재무제표 작성부담을 줄여 주기 위한 취지에서 만들어졌고, 2014년부터 시행되었습니다. 그래서 중소기업회계기준을 사용하는 기업은 재무제표 중 현금흐름표를 작성하지 않아도 되고, 전기와 비교하지 않고 당기 재무제표만 작성해도 됩니다.

재무제표 작성 난이도로 비교하면 '중소기업회계기준 → 일반기업회

	제정기관	특징	적용대상
IFRS	국제회계기준위원회	경제적 실질 중시 (공정가치 평가 허용) 회계처리 다양성 인정	주로 각국의 상장기업
K-IFRS	한국회계기준원 회계기준위원회	IFRS 내용 반영	국내 상장기업, 금융기관(IPO 예정 기업 포함)
일반기업회계기준 (K-GAAP)	한국회계기준원 회계기준위원회	회계처리 일관성 중시	국내 일반기업
중소기업회계기준	법무부	재무제표 작성 간소화	국내의 외부감사 의무가 없는 중소기업

계기준→K-IFRS' 순으로 어려워진다고 보면 되는데, 적용대상이 아닌 기업이 더 작성이 어려운 재무제표를 작성하겠다고 하면 굳이 말리지는 않습니다. 따라서 소규모 기업이라도 K-IFRS를 기준으로 재무제표를 작성해도 됩니다.

IFRS의 핵심적인 특징

상장기업들이 K-IFRS(사실상 IFRS)를 따르기 때문에 최근의 회계학 교과서는 주로 IFRS를 기준으로 설명하고 있습니다. 다만 IFRS는 복잡할 뿐 아니라 허용하는 회계처리방식이 다양해서 이해하기 어렵습니다. 그래서 이 책은 주로 개념적이고 원칙적인 내용을 전달하는 데 목적이 있는 만큼 일반회계기준을 기반으로 내용을 구성했으며, IFRS(이후 K-IFRS로 표시)와의 차이를 꼭 설명해야 할 경우에만 IFRS의 기준에 대해 설명하고 있습니다.

이후 이어지는 내용의 이해를 돕기 위해 IFRS에 대해서는 핵심적인 특징만 소개하겠습니다. IFRS의 가장 큰 특징은 '경제적 실질의 반영'을 중시한다는 데 있습니다. 따라서 투자자산이나 영업권을 공정가치로 평가하는 방식을 허용하고 있습니다. 이렇게 함으로써 투자자 입장에서 재무제표를 기준으로 다른 나라 기업의 가치를 평가하거나 여러 나라의 기업들의 경쟁력을 비교하는 것이 보다 용이해지기 때문인 것으로 보입니다.

또 하나의 특징은 위에서도 언급했듯이 다양한 회계처리방식을 인정한다는 데 있습니다. 각 나라의 상황을 일일이 검토하고 반영할 수 없기 때문에 원칙만 제시하고 회계처리방식에 대해서는 다양성을 인정해주고 있습니다.

3장

재무상태표에서는
무엇을 살펴봐야 할까?

재무상태표 :

재무상태표를 살펴봐야 하는 이유는?

상법상 주식회사는 주주총회에서 승인한 재무상태표를 일간신문에 서면공고하거나 자사 홈페이지에 전자공고해야 합니다. 그래서 매해 3월 말경에 일간신문을 보면 여러 기업의 재무제표가 기재되어 있는 것입니다. 주식회사 대부분의 결산일이 12월 31일이어서 회계감사를 마치고 주주총회를 통해 재무제표를 확정하는 시기가 그때쯤이기 때문이죠. 이런 이유로 회계를 잘 모르고 관심 없는 사람에게도 재무상태표가 가장 익숙한 재무제표로 생각될 것입니다.

그런데 사실 기업의 실적을 분석하는 데 있어서 재무상태표를 통해 알 수 있는 정보는 그리 많지 않습니다. 주식시장에서도 기업의 분기별 손익변동에 대해서는 민감하게 반응하지만, 기업의 안정성을 파악하거나 깊이 있는 분석을 하는 경우가 아니라면 재무상태표에 그다지 주목하지 않습니다.

반면에 기업의 실적이 악화되고 전반적인 안정성이 의심될 때는 재무상태표가 안정성 판단의 기준이 됩니다. 현금흐름표와 더불어 부채비율(부채 / 자기자본)과 같은 재무상태표 항목 간의 상관관계를 나타내는 재무분석지표를 분석해봄으로써 그러한 안정성을 판단할 수 있기 때문이죠.

　　그럼 다음 내용부터는 재무상태표 주요 항목에 대한 설명과 함께, 왜 재무상태표가 안정성 판단의 기준이 되는지 살펴보겠습니다.

02

당좌자산 :

기업에 현금이 많으면 좋은 걸까?

앞장에서 설명했듯이 재무상태표에 기록되는 자산과 부채는 모두 '유동성배열법'을 따릅니다. 즉, 자산의 경우 현금화하기 쉬운 자산부터 차례로 배열하고, 부채의 경우 단기간에 갚아야 할 부채를 위에 기록하고 장기부채(만기가 1년 이상 남은 부채)를 아래에 기록합니다.

: : 당좌자산의 종류

'당좌자산'은 유동성배열법에 따라 재무상태표 좌측 상단에 맨 먼저 나오는 항목입니다. 당좌자산은 '현금 및 현금성자산', '매출채권' 등을 말하는데, 통상 '1년 이내에 현금화'할 수 있는 자산을 의미합니다. 당좌자산에는 현금이나 다름없어서 현금화하는 데 문제가 없는 '금융자산'이나 짧은 기간이 지나면 자연스럽게 현금으로 바꿀 수 있는 '매출채권' 등이 있습니다. 반면에 '재고자산'이나 토지와 같은 '고정자산'처럼 팔아야 현금을 받을 수 있는 자산은 여기에 해당하지 않습니다.

한편, MMF(Money Market Fund)나 양도성예금증서(CD, Certificate of Deposit)처럼 '만기가 3개월 이내인 초단기 금융상품'과 같은 자산의 경우 과거에는 현금과 따로 분류했으나 지금은 '현금성자산'이라는 이름으로 현금과 동일하게 취급합니다. 기업 입장에서는 일반적으로 보유한 현금을 그대로 두기보다는 이러한 초단기 금융상품에 넣어놓기 때문에 현금과 별도로 구분하는 의미가 별로 없기 때문입니다.

: : 당좌자산에서 중요하게 살펴봐야 할 내용은?

그럼 재무상태표의 '당좌자산' 항목에서는 무엇을 중요하게 살펴봐야 할까요? 가끔 언론에서 '기업들이 현금을 쌓아둔다'라는 표현을 하는데, 이 말처럼 당좌자산 항목을 통해 현재 기업에서 '현금을 얼마나 쌓아두고 있는지'를 살펴보는 것이 가장 의미 있는 검토라고 볼 수 있습니다.

이때 기업이 현금을 많이 쌓아두는 이유는 경기가 불안정해서 실적 악화에 따른 잠재적인 자금부담에 대비하기 위해서거나, 성장을 위해 대규모 투자를 하고 싶은데 적절한 투자처를 찾지 못해서라고 볼 수 있습니다. 물론 기업에 현금이 많다는 것은 몇 년간 실적이 좋아서 잉

(단위 : US 백만$)

구분/기업명	애플	알파벳	마이크로소프트	삼성전자
현금보유액	62,639	139,649	130,334	101,847
자산 대비 비중	17.8%	38.9%	39.0%	28.3%
재무제표 기준일	2021.9.25	2021.12.31	2021.6.30	2021.12.31

*출처 : 각 기업 Annual Report(삼성전자는 사업보고서), 연결재무제표 기준

* 현금보유액은 현금 및 현금성자산 외에 단기금융자산을 포함시켜 산정했습니다. 왜냐하면 기업에서는 단기적으로 사용가능한 여유자금을 무조건 현금이나 현금성자산으로 가지고 있기보다는 단기금융상품에 투자하여 이자수익을 창출하기 때문입니다.

여자금이 많이 쌓였다는 의미도 되겠죠.

현금은 위험도가 가장 낮은 자산이라는 장점은 있지만, 기업 입장에서 가장 수익률이 떨어지는 자산이기 때문에 많이 가지고 있는 상황이 결코 바람직하지는 않습니다. 그렇지만 위의 표와 같이 글로벌 IT기업 중에서는 사업환경 변화나 경쟁우위 확보, 사업영역 확대 등을 위해 대규모 자산투자나 M&A를 하는 경우를 대비해 대체로 현금을 많이 확보해두는 경우가 많습니다.

03

재고자산 :

기업에 재고가 많이 쌓이면 뭐가 나쁠까?

　재고자산은 한마디로 '팔려고 가지고 있는 자산'으로 정의할 수 있습니다. 그렇지만 결과적으로 팔지 못하면 이름은 자산이지만 애물단지가 되겠죠. 따라서 기업 입장에서는 재고자산 규모는 물론이고 재고자산이 얼마나 오래된 것인지에 대한 관리도 필요합니다.

　대체로 세월이 지나도 품질에 별다른 영향이 없는 원자재(석유화학제품 등)를 생산하는 기업의 경우 재고자산 관리에 둔감한 경향이 있습니다. 창고에 쌓아두었다가 경기가 호전되면 팔 수 있다고 생각하기 때문이죠.

　그런데 문제는 이런 생각대로 되지 않는 경우가 다반사라는 데 있습니다. 가장 흔한 사례로는 경기가 호전되기 전에 이를 예상하고 주요 경쟁기업들이 생산을 늘리는 경우를 들 수 있습니다. 산업 전체의 생산량이 늘다 보니 경기가 호전되어도 쌓아둔 재고는 그대로 남게 됩니다.

게다가 이런 경우에는 거래선에서 새로 만든 제품을 선호하는 경향이 크기 때문에 오래된 재고를 팔기가 더욱 힘들어집니다. 그러다 보면 결국 말만 자산이지 이러지도 저러지도 못하는 애물단지가 되고 맙니다.

: : 재고자산은 핵심 자산이자 위험요소

관리가 고도화된 기업일수록 재고관리를 철저히 합니다. 이런 기업들은 재고품목을 '제품창고일 경우에는 생산일'을 기준으로, '영업용 창고일 경우에는 입고일'을 기준으로 관리합니다. 이를 기준으로 일정 기간이 지나면 내부 시스템상 경고가 나오고, 이것이 관리부서에 통보되면 관리부서에서는 영업조직에 재고에 대한 대응방안을 요구하는 형태로 미세관리가 이루어집니다. 하지만 영업부서 입장에서는 이런 재고가 늘어날수록 엄청난 스트레스를 받을 수밖에 없습니다.

필자가 신용평가회사에서 근무했을 때 방문했던 직물제조업체 중에는 몇 년씩 쌓아둔 직물도 팔 수 있다고 주장하는 기업이 왕왕 있었습니다. 석유도 아니고 먼지가 뒤덮인 직물을 어떻게 제 값 받고 팔 수 있느냐고 반문하면 세척 한 번만 하면 새 물건이나 다름없다고 답변했습니다. 그런데 이런 기업들은 대부분 신용도가 심각하게 낮아져서 은행 측에서 신용도를 정밀하게 검토해달라고 요청한 곳들이었습니다.

재고는 야누스의 얼굴과 같습니다. 기업이 사업을 위해 가지고 있어야 하는 핵심 자산이기도 하지만, 기업을 나락으로 떨어뜨리는 무서운 위험요소일 수도 있습니다. 따라서 후자처럼 기업이 나락으로 떨어지는 위험을 맞지 않으려면 재고수준을 철저히 관리하고, 재고가 큰 문제가 되기 전에 위험을 감지하고 대응하는 체계를 수립해야 합니다.

04

투자자산 :

장기투자로 생긴 수익은 어떻게 인식할까?

'투자자산'은 투자를 목적으로 장기간 보유하는 자산을 말합니다. 그래서 당좌자산이나 재고자산과 같은 유동자산이 아니라 '비유동자산'으로 분류합니다. 여기서 '장기간'은 다른 재무상태표 항목과 동일하게 통상 '1년 이상'을 뜻합니다. 따라서 단기적인 시세차익 목적으로 보유한 주식이나 일시적인 자금운용 목적으로 가입한 단기투자상품은 투자자산에 속하지 않습니다.

: : 원가법과 지분법

통상 투자자산은 '취득원가'로 표시합니다. 장기적인 투자목적으로 보유한 자산이기 때문에 시장가치를 일일이 반영하지 않는다고 보면 됩니다. 그래서 장기보유 목적의 투자주식 역시 재무상태표에 '원가'로만 표시하고, 시세변동에 따른 이익이나 손실은 반영하지 않습니다. 그럼 우리 기업이 투자한 기업에서 순이익이 발생한 경우에는 어떻게 회계처리를 해야 할까요? 이에 대해서는 '원가법'과 '지분법'이라는 2가지 회계처리방법이 있습니다.

이익 또는 손실을 인식하는 관점 차이

'원가법'은 투자한 기업에서 이익이 발생했다고 해서 우리 기업에 돈이 들어오지 않고, 해당 지분을 당장 팔아서 차익을 실현할 계획도 없으므로 아무런 회계처리도 하지 않는 방법입니다.

반면에 '지분법'은 우리 기업이 투자한 기업의 가치가 순이익이 발생한 만큼 늘어났으니, 우리 기업이 보유한 지분에 해당하는 비율만큼 투자주식 금액을 증가시키는 방법입니다.

원가법은 내 손에 돈이 들어오거나 확실히 손실이 나지 않으면 이익이나 손실을 인식하지 않는 방법인 반면, 지분법은 투자한 기업의 실적에 대해 내가 가진 지분만큼을 인식하는 방법인 것이죠.

배당금에 대한 회계처리방법

투자한 기업에서 '배당금'을 받았을 때도 회계처리방법이 각각 다릅니다. 원가법에서는 배당금을 투자결과에 따라 내 손에 들어온 돈으로 보고 '수익'으로 인식합니다. 이에 비해 '지분법'에서는 내가 투자한 기업에서 쌓아둔 이익(이익잉여금) 중 일부를 되돌려받는 것으로 인식해서

	원가법	지분법
당기순이익 발생	회계처리 없음	(차) 투자주식 ××× (대) 지분법 투자이익 ×××
배당금 지급	(차) 현금 ××× (대) 배당금수익 ×××	(차) 현금 ××× (대) 투자주식 ×××

이를 '투자주식을 감액'하는 방식으로 처리합니다.

원가법에서는 돈을 투자한 기업과 투자 받은 기업(피투자기업) 사이를 아무 관계 없는 남남으로 보는 반면, 지분법의 경우 마치 동업자인 듯이 피투자기업의 이익을 우리 기업이 보유한 투자지분만큼 우리 기업 몫으로 인정하는 것이라고 볼 수 있습니다.

지분법을 적용하는 기준

그럼 어떤 경우에 '지분법'을 사용할까요? 일반기업회계기준에 따르면 투자기업이 피투자기업의 재무정책과 영업정책에 관한 '의사결정에 참여할 수 있는 능력(=유의적인 영향력)'이 있으면 지분법을 적용한다고 되어 있습니다.

'유의적인 영향력'이라는 개념이 좀 애매할 수 있는데요, 특정 기업의 지분을 20% 이상 보유하고 있으면 명백한 반증이 없는 한 유의적인 영향력이 있다고 봅니다. 또한 20% 미만의 지분을 보유하더라도 경영(=재무 및 영업)에 관한 의사결정에 참여할 수 있다면 지분법을 적용해야 합니다.

투자자산과 기업가치

투자자산도 자산의 일부인 만큼 해당 자산의 가치가 올라가면 이를 보유한 기업의 가치도 올라간다고 생각할 수 있습니다. 하지만 회계적으로는 이런 상관관계가 항상 성립하지는 않습니다. 물론 지주회사라면 자회사의 실적 및 기업가치에 따라 자신의 가치도 영향을 받게 됩니다. 하지만 단순히 상장기업에 투자해서 주식(투자자산)을 보유했는데, 투자한 기업의 주가가 급등 또는 급락했다고 해서 이를 보유기업의 가치에 반영한다면 단기적으로 기업가치에 모순이 발생할 수도 있습니다. 이와 관련한 사례를 하나 살펴보겠습니다.

:: 투자자산이 기업가치에 모순을 불러오는 사례

1997년 말에 우리나라가 IMF 구제금융을 신청한 당시 많은 기업이 도산하고 국내 기업의 주가도 곤두박질쳤습니다. 그렇지만 2년이 지난 1999년 말에는 언제 그랬냐는 듯 IT기업을 중심으로 한 코스닥(KOSDAQ) 주가가 하늘 높은 줄 모르고 올라갔습니다. 당시 효성은 한통프리텔 주식을 2.29% 보유하고 있었는데, 보유주식을 시가로 평가한 금액은 8,571억 원이었고, 장부가액 대비 평가이익은 무려 8,338억 원이었습니다.

그럼 당시 효성 자체의 시가총액은 얼마였을까요? 4,891억 원으로, 보유하고 있는 한통프리텔 주식가치의 약 60% 수준이었습니다. 그렇다고 당시 효성의 재무상황이 한통프리텔 주식을 빼면 자산보다 부채가 많을 정도로 부실하지도 않았습니다. 자산 중에서 비교적 가치를 객관적으로 평가할 수 있고, 상대적으로 처분하기 쉽다고 할 수 있는 유동자산과 고정자산의 가치가 4조 원 수준이었고, 총 차입금은 3조 원 정도였기 때문에 효성의 시가총액이 최소한 한통프리텔의 보유주식 가치보다는 훨씬 높아야 합리적이라고 할 수 있었습니다.

만약 이런 상황에서 어떤 기업사냥꾼이 효성의 전체 지분을 인수하고 나서 효성이 보유하고 있던 한통프리텔 주식을 팔았다면 어떻게 되었을까요? 결과적으로 투자하자마자 3,000억 원이 넘는 돈을 벌고도 사업에 필요한 자산은 고스란히 남기는, 그야말로 대박을 터뜨리는 성과를 낼 수 있었을 것입니다.

그럼 다음해 말에는 어떻게 되었을까요? 효성이 보유한 한통프리텔 지분비율은 2.11%로 큰 변화가 없었지만 평가금액은 990억 원으로 하락했습니다. 만약 효성 입장에서 투자주식의 평가손실을 인식했다면 7,000억 원이 넘는 손실이 발생했겠죠.

그럼 효성의 시가총액은 어떻게 바뀌었을까요? 1,912억 원으로 떨어졌습니다. 전년에 비해 가치가 많이 떨어지기는 했지만, 당시 주식시장이 호황세에서 벗어나 다른 기업들의 주가도 떨어졌다는 사실(같은 기간 삼성전자 주가는 40% 하락)을 감안하면 한통프리텔 주식의 가치하락이 효성의 기업가치에 크게 영향을 미쳤다고 보기는 어렵습니다.

: : 투자자산과 기업가치의 관계

위의 사례처럼 투자사업을 운영하는 기업이 아니라면 기업이 보유한 투자주식의 가치가 기업가치에 미치는 영향은 제한적입니다. 물론 최적시점에 투자주식을 매도해서 많은 시세차익을 실현했다면 좋았겠지만, 반대로 투자주식의 가치가 떨어졌다고 해서 기업의 본질가치가 훼손되지는 않는다고 할 수 있습니다.

특히 투자주식의 보유목적이 장기적인 관점에서 투자수익을 구현하는 데 있다면 시세변화를 기업가치에 민감하게 반영하는 것이 오히려 비합리적이라고 할 수 있습니다. 그렇기 때문에 투자주식의 가치변화를 당기순이익에 반영하지 않는다고 보면 됩니다.

결론적으로 기업의 본업과 관련 없는 투자는 기업가치에 상대적으로 큰 영향을 주지 않는다고 볼 수 있습니다. 투자를 사업의 주목적으로 하는 금융기업이 아니라면 사업과 관련성이 낮은 투자주식의 가치가 증가한다고 해서 기업가치가 그만큼 올라가지는 않습니다. 또한 투자자 입장에서는 기업이 투자주식을 보유하는 것에 대해 본업에 비전이 없다고 생각하나 하는 의구심을 품을 수도 있습니다. 따라서 본질적인 기업가치 측면에서는 주력사업에 투자하고 이익을 창출하는 데 집중하는 것이 보다 바람직한 자금운용 방향이라 생각됩니다.

재무상태표상의 부동산가치는 믿을 수 있을까?

유형자산은 기업이 보유하고 있는 토지와 건물 같이 '물리적 형태가 있는 자산'을 말합니다. 금융자산을 제외하면, 판매나 제조목적으로 보유하는 재고자산과 함께 토지·건물 등의 유형자산이 사업에 필요한 핵심 자산이라고 할 수 있습니다. 다만 같은 토지 또는 건물이라도 기업이 사업운영이 아닌 '투자' 목적으로 보유하고 있는 것들은 유형자산이 아닌 '투자자산(투자부동산)'으로 분류해야 합니다.

유형자산에서는 앞에서 설명한 '감가상각'의 개념을 꼭 알아두어야 합니다. 감가상각은 유형자산을 사용함에 따라 가치가 줄어드는 부분을 '감가상각비'로 처리하고, 동일한 금액을 반대편 유형자산 계정에서도 차감하는 것을 말합니다. 감가상각비는 기업에서 손익을 분석하거나, 사업성을 평가할 때, 심지어 현금흐름을 추정할 때도 가장 많이 언급되는 회계계정입니다.

:: 정액법 vs. 정률법

앞에서 간단히 설명했듯이 감가상각방법에는 크게 '정액법'과 '정률법'이 있습니다. 정액법은 매년 '동일한 금액'을 자산의 가치에서 상각하는 방법을, 정률법은 매년 '같은 비율'을 상각하는 방법을 말합니다.

기업회계기준상으로 정률법은 체감잔액법(감가상각액이 매기간 감소하는 상각방법)의 하나로 분류하며, 정률법 외에도 연수합계법(내용년수의 합을 분모로, 남은 연수를 분자로 한 비율만큼 상각하는 방법. 예를 들어 상각기간이 3년이면 첫해는 취득가액의 3/(3+2+1), 둘째 해는 2/(3+2+1)를 상각)과 생산량비례법(예상생산량 중 당해년도 생산량만큼 상각)이 있습니다. 그렇지만 체감잔액법 중에서 가장 많이 쓰는 대표적인 방법이 '정률법'이기 때문에, 여기서는 체감잔액법을 하나하나 설명하지 않고 정률법을 소개하고자 합니다.

'정률법'을 적용하는 경우 초기에는 상각되는 금액이 크지만, 감가상각을 통해 자산의 가치가 줄어들수록 상각되는 금액도 줄어들게 됩니다. 중고차 가격을 생각하면 이해가 쉽습니다. 중고차 가격은 신차 출시 이후 첫해에 가장 많이 떨어지고, 오래 사용할수록 연식에 따른 가격차이가 줄어들게 됩니다. 즉, 14년 사용한 차와 15년 사용한 차의 가격이 거의 비슷해진다는 것이죠. 이런 경우 사용기간보다는 얼마나 잘 관리했느냐가 가격에 더 큰 영향을 미치곤 합니다. 이런 측면에서는 정액법보다 '정률법'이 장부가치와 실제 가치와의 차이를 더 줄어들게 하는 합리적인 방법이라고 볼 수 있습니다.

그렇지만 현실에서는 '정액법'을 더 선호합니다. 이유는 간단합니다. 감가상각을 적용하기가 더 쉽고, 관리하기도 편하기 때문이죠. 예를 들어 정액법을 사용하는 경우에 자산의 구매가격과 감가상각 내역이 다음과 같다고 해보겠습니다.

· 당초 자산 구매가격 : 100원
· 감가상각누계액 : 40원
· 감가상각비 : 20원

이런 경우 매해 20원을 감가상각비로 회계처리하기 때문에 해당 자산의 감가상각기간은 5년(100원/20원)이고, 과거 40원의 감가상각(감가상각누계액)이 이루어졌으므로 올해가 3년째 상각기간임을 바로 알 수 있습니다.

이에 비해 정률법에 따라 자산의 가치를 일정 비율로 계속 줄이다보면 계산도 복잡해지고, 매년 상각되는 금액이 다르다 보니 구입가격과 감가상각누계액, 감가상각비를 비교하는 방식으로는 몇 년째 상각기간인지도 감을 잡기 어렵습니다.

자산의 상각기간은 기업이 일정 범위 안에서 자율적으로 정할 수 있습니다. 그런데 이런 자율적인 방식이 얼핏 합리적인 듯하지만 손익계산서 신뢰성에 영향을 줄 수밖에 없습니다. 예를 들어 모든 상황이 똑같은 두 기업이 자산의 상각기간을 각각 3년과 30년으로 달리 적용한다면 30년 동안 상각하는 기업의 영업이익이 훨씬 높을 것입니다. 실제로도 이익이 많이 발생하는 기업은 자산의 상각기간을 짧게 설정하고, 이익이 적게 발생하는 기업은 되도록 상각기간을 길게 설정하려는 경향이 있습니다.

:: 유형자산 가치변동이 재무제표에 미치는 영향

만일 사업을 위해 구입한 유형자산인 건물의 가격이 크게 올랐다면 어떻게 할까요? 원칙적으로는 판매하기 위해서가 아니라 '사업'을 하기 위한 목적으로 구입한 자산이므로, 앞서 투자자산과 마찬가지로 가격이 올라간 부분을 재무상태표에 반영하지는 않습니다. 감가상각을 통해서 가치가 계속 하락할 뿐이죠.

따라서 유형자산의 가치는 구입 이후에는 시가를 반영하지 못할 뿐 아니라 각 기업이 적용하는 감가상각방법에 따라서도 가치가 달라질 수 있기 때문에 재무제표에 나와 있는 금액과 실제 가치와의 차이가 클 수 있으며, 기업 간 비교도 의미가 없을 수 있습니다.

이와 관련하여 2000년 말까지는 자산재평가법에 따른 자산재평가를 통해 위와 같은 유형자산의 실제 가치와 장부가치와의 차액을 일시에 조정할 수 있었습니다. 그런데 이러한 제도에 제동에 걸리는 상황이 발생했습니다(바로 IMF 외환위기입니다). 1960~1970년대에는 국내 여러 기업이 서울이나 수도권에 대규모 공장을 많이 지었고, 이후 부동산 가격이 폭등했습니다. 그런데 이러한 부동산 가격 상승분이 해당

기업들의 재무상태표상 유형자산 금액에는 반영되지 않아서 실제 가치와 장부가액이 엄청나게 차이가 나는 경우가 많았습니다.

그러다 IMF 외환위기를 거치면서 이들 기업 대부분의 부채비율이 문제시되자 당시에는 법적으로 허용되었던 자산재평가를 통해 자산가치를 실제 가치로 평가함으로써 장부가액을 크게 올렸습니다. 그 바람에 많은 상장기업들이 부채비율만 놓고 봤을 때는 우량기업으로 탈바꿈하는 상황이 만들어지기도 했죠. 그러자 당시 구제금융을 제공하던 국제기구에서 자산재평가 제도가 선진국에 존재하지도 않고 회계이론에도 부합하지 않는다고 해서 결국 폐지되고 말았습니다.

그러다 2008년에 기업회계기준이 개정되면서 2009년부터는 자산을 시가(공정가치)로 평가할 수 있게 되었지만 이전 자산재평가 제도와는 상당한 차이가 있었습니다. 과거에는 기업이 원하는 자산을 원하는 시점에 일시적으로 자산가치를 시가로 재평가할 수 있고, 이후에는 해당 재평가 금액을 취득원가로 하여 감가상각을 하게 했습니다.

이에 비해 현재의 기업회계기준에서는 동일한 분류에 속한 자산(토지, 건물, 기계장치 등) 전체에 대해 공정가치로 평가해야 하며, 이후에는 장부가치가 공정가치와 차이가 나면 이를 공정가치로 조정하도록 하고 있습니다.

당연한 이야기이지만 필자의 생각으로는 부동산 가격이 상승하여 자산가치가 크게 증가했다면 일부 부동산을 매각해서 자금을 확보하고, 이러한 자금을 이용해 주력사업의 경쟁력을 강화하거나 재무적 안정성을 확보하는 것이 미래 위험에 대비하는 올바른 방향으로 판단됩니다. 다만 현실에서 이러한 방향으로 의사결정하기는 쉽지 않을 것입니다.

실제로 다수의 기업들이 재무적인 어려움으로 자금을 확보해야 하는 상황에 몰려서야 부동산 매각을 추진하는 사례를 언론을 통해 볼 수 있습니다. 필자가 신용평가를 했던 기업 중에는 언제라도 부동산을 매각하면 그간의 누적적자를 훨씬 뛰어넘는 돈을 벌 수 있다는 생각으로 적자에도 불구하고 비용을 풍족하게 쓰고 관리를 느슨하게 하는 경우도 종종 있었습니다.

무형자산 :

형태도 없는데 왜 자산이지?

무형자산은 말 그대로 '형태가 없는 자산'을 말합니다. 산업재산권, 라이선스, 저작권, 컴퓨터소프트웨어처럼 형태는 없지만 사업에 필요해서 실제로 돈을 지불하고 구입한 자산들이 여기에 해당합니다. 무형자산 중 산업재산권 등을 돈을 들여서 취득한 경우에는 이를 사업에 사용하여 도움이 될 것이라고 예상하는 기간 동안 상각하게 됩니다.

여기서는 무형자산 중에서 가장 주의 깊게 관리해야 할 항목인 '개발비'와 '영업권'에 대해 자세히 살펴보겠습니다.

:: 연구개발비를 무형자산으로 인식하는 이유

연구개발에 사용하는 비용을 통상 '연구개발비'라고 하는데, 이를 회계상 비용으로 인식할 때는 제조원가에 포함해 '매출원가'로 처리하거나 '판매비와 관리비'로 처리합니다. 그런데 기업회계기준에서는 연구개발비를 무형자산으로 회계처리할 수 있도록 허용하고 있습니다. 왜 그럴까요?

첫째, 연구개발활동이 기업의 장기적인 사업경쟁력을 위해 투자하는 영역이어서 그로 인한 효과 역시 장기간에 걸쳐 나타난다는 점을 감안했습니다. 따라서 20~30년을 내다보고 새로운 사업을 위해 연구개발에 투자한다면, 투자효과로 인해 수익이 발생될 것으로 예상되는 전체 기간인 20~30년 간에 걸쳐 비용으로 인식하는 것이 수익·비용 대응의 원칙(48쪽 참조) 측면에서 보다 합리적이라고 볼 수 있습니다.

둘째, 새로운 사업에 대한 대규모 투자를 비용으로만 처리해야 한다면 기업의 연구개발 의욕을 꺾을 수 있기 때문에, 산업정책적 측면에서 자산으로 인식하는 방식을 허용한다고도 볼 수 있습니다.

: : 연구개발비를 둘러싼 회계처리 논란

기업회계기준에서는 연구개발비를 자산으로 인식할 경우 '개발비'로 분류합니다. 기업회계기준의 정의에 따르면 '비용'으로 분류하는 '연구비'는 기업의 미래 이익창출에 기여한다고 보기 어려운 비용이고, '자산'으로 분류하는 '개발비'는 미래의 이익창출에 기여할 수 있는 비용이 됩니다.

| 연구비와 개발비의 구분 |

	특성	회계처리방법
연구비	• 연구단계 및 개발단계에서 사용한 비용 중 개발비로서의 기준을 충족하지 않는 비용	• 비용으로 인식
개발비	• 기술·역량·자금 측면에서 개발성과의 사용 또는 판매가 가능 • 미래 경제적 효익창출이 가능	• 무형자산으로 인식 • 20년 이내의 기간 동안 상각

　사실 기업이 연구개발에 투자하면서 미래의 수익창출을 기대하지 않는 경우는 없기 때문에 연구개발비의 일부라도 이익창출에 기여하지 않는다고 보는 것은 다소 논리적으로 맞지 않아 보입니다. 그런데도 위와 같이 정한 이유는 성공가능성이 낮은 연구개발투자를 자산으로 인식해서 손익이 왜곡되는 현상을 막자는 의도가 크다고 볼 수 있습니다.

　그렇지만 연구개발투자가 미래 수익창출에 기여할 가능성이 높다 또는 그렇지 않다고 판단하는 것은 다분히 주관적일 수밖에 없습니다. 그러다 보니 바이오의약 분야와 같이 연구개발비 비중은 높고 성공가능성이 낮은 분야에서는 기업과 회계법인 간에 의견충돌이 발생하는 경우도 있고, 총자산 중 개발비 비중이 늘어나는 것에 대해 문제라고 지적하는 경우도 많습니다.

:: 영업권을 재무상태표에 기록할 수 있는 기준은?

'영업권'이란 특정 기업이 동종업계 타기업에 비해 더 많은 초과이익을 내는 데 도움이 되는 '영업 노하우, 브랜드 인지도' 등을 의미합니다. 예를 들어 목 좋은 곳에서 오랜 기간 영업을 하고 사업을 넘겨줄 때 권리금을 받는 경우가 있는데, 이때의 권리금이 '영업권'의 가치라고 볼 수 있습니다

회계적으로는 기업 스스로 영업권의 가치를 만들어낼 수는 없습니다. 예를 들어 브랜드 전문평가업체에서 조사한 결과 우리 기업의 브랜드가치가 동종업계 1위이고 수백억 원의 가치가 있다고 평가받았다고 해서 그 가치를 재무제표에 영업권(무형자산)으로 표시할 수는 없습니다. 그것을 모두에게 자산이라고 인정받을 수 없고, 평가하는 사람에 따라 평가금액도 다를 수밖에 없기 때문이죠. 게다가 이와 관련해 정해진 가치평가방법도 없습니다.

그러면 재무상태표에 영업권이란 계정은 언제 쓰라고 만들어놓았을까요? 주로 인수합병(M&A)이나 사업양수도를 통해 이미 하고 있는 사업에 대한 유·무형의 포괄적인 자산을 외부로부터 구매하여 명확히 얼마를 내고 '영업권'을 사왔는지 확실히 알 수 있을 때 해당 영업권을 무형자산으로 표시합니다.

예를 들어 현금을 주고 기업을 인수했다고 가정해보겠습니다. 이때 해당 기업의 장부상 기업가치(자산-부채)가 100억 원인데 인수대가로 150억 원을 주었다면, 그 차액인 50억 원을 '영업권에 대한 대가'로 보

고 해당 금액을 무형자산인 '영업권'으로 기록합니다.

:: 영업권 회계처리방식에 대한 2가지 기준

영업권으로 기록한 후 회계처리방식에 대해서는 일반기업회계기준과 K-IFRS(한국채택국제회계기준, IFRS를 반영한 회계기준)에서 서로 다르게 규정하고 있습니다. 먼저 '일반기업회계기준'에서는 다른 무형자산과 마찬가지로 영업권을 20년 이내의 기간을 두고 정액법으로 상각하도록 하고 있습니다. 이에 비해 'K-IFRS'에서는 영업권의 가치가 취득금액보다 낮아졌다고 평가하는 경우에만 영업권을 상각하도록 하고 있는데, 이를 '손상차손' 처리했다고 합니다.

어느 쪽이 합리적인 방법일까요? 만약 영업권의 가치를 정확히 측정할 수 있다면 IFRS 기준대로 당초 지불한 가격보다 낮아졌을 때만 상각하는 방식이 합리적입니다. 영업권의 가치가 얼마나 지속될지는 산업마다 다르게 평가될 수 있기 때문이죠.

예를 들어 코카콜라를 인수한다고 했을 때 코카콜라가 쌓아놓은 브랜드가치가 20년 안에 사라질까요? 아마도 코카콜라의 유해성을 명확히 밝혀낸 연구결과가 나오거나 코카콜라를 완벽히 대체할 음료가 출시되지 않는 한 앞으로도 50년 이상은 브랜드가치가 유지되지 않을까요? 따라서 이런 경우에는 브랜드(영업권)가치가 훼손되는 특별한 일이 발생했을 때 훼손된 가치만큼을 상각하는 방식이 훨씬 합리적일 수 있

| 영업권에 대한 회계기준별 회계처리 차이 |

일반기업회계기준	K-IFRS
・20년 이내의 기간에 정액으로 나눠 상각	・매년 말 영업권의 공정가치 평가 　- 공정가치≥장부가액 : 회계처리 없음 　- 공정가치〈장부가액 : 손상차손으로 감액

습니다.

그렇지만 영업권의 가치를 객관적으로 평가하기 어렵다는 점을 고려하면 우리나라 기업회계기준에 따른 회계처리방식이 합리적일 수 있습니다. 인수합병 등을 시행한 후 일정 기간이 지나면 장부가액(자산-부채) 이상으로 지불한 금액은 모두 상각하는 방식이 현실적으로는 타기업과의 비교가능성과 향후 기업실적의 예측가능성 측면에서 더 나은 방법이라고도 볼 수 있기 때문이죠.

예를 들어 산업구조 재편으로 매수합병이나 사업권 양수도가 빈번하게 일어나는 업종에서는 영업실적이 유사한데도 영업권 상각방법에 따라 손익이 크게 차이날 수 있기 때문에 비교가능성에 영향을 준다고 할 수 있습니다.

또 기업에 대규모 영업권이 생겼는데, 여기에 대한 매해의 상각규모가 들쑥날쑥하다면 투자자나 이해관계자 입장에서는 해당 기업의 영업권의 존재 자체가 실적의 위험요인이라고 생각할 수 있습니다.

예를 들어 어떤 기업이 외부에서 봤을 때 지나치게 높은 가격으로 타기업을 인수했다고 해보겠습니다. 이 경우에 추가적으로 지급한 금액은 가능하면 짧은 기간에 상각하는 방식이 타당하겠지만, 가뜩이나 인수 후 사업안정화가 필요한 인수기업 입장에서는 인수가격이 적정 가치이고 영업권은 앞으로도 긴 기간 동안 유지할 수 있는 경쟁력에 대한 가치라고 주장할 수 있습니다.

이에 대해 K-IFRS를 적용한다면 인수 초기에 위와 같은 주장을 받아들여 일정 기간 동안 영업권을 상각하지 않음으로써 비용을 줄일 수 있습니다. 그렇지만 몇 년이 지난 후 높은 인수가격에 비해 인수에 따른 효과가 적은 것이 보다 분명해진다면 한꺼번에 많은 금액을 공정가치에 맞춰 상각해야 하기 때문에 엄청난 손실이 발생할 수도 있습니다.

셀트리온 사례로 본 제약업체 개발비 이슈

2018년에 금융감독원은 제약 및 바이오산업의 개발비에 대한 테마감리를 진행했습니다. 당시 기사(소비자가만드는신문, 2018.8.1)를 보면, 시가총액 5,000억 원 이상인 제약·바이오기업 15곳의 2018년 1분기 연구개발비는 총 1,366억 원으로 집계되었고, 이 가운데 경상연구개발비 등 판매비와 관리비가 아닌 '무형자산'으로 회계처리된 금액은 664억 원으로 나타났습니다. 당시 글로벌기업들의 연구개발비에 대한 무형자산화 비중이 20%인 데 비해, 국내 시가총액 상위권 제약사들의 연구개발비 무형자산화 비중은 48.6%에 달했던 것이죠.

특히 셀트리온의 무형자산화 비중이 77.6%로 가장 높았습니다. 당시 셀트리온은 2018년 1분기 연구개발비 753억 원 가운데 584억 원을 비용이 아닌 무형자산으로 처리했습니다. 이어 코미팜이 71.7%로 2위였고, 차바이오텍 54.9%, 씨젠 49.8%, 삼천당제약 44.3% 순으로 비중이 높았습니다. 반면 휴온스, 동국제약 등의 기업은 연구개발비 전액을 비용으로 처리했습니다.

:: 제약업계의 무형자산화 비중을 둘러싼 논란

결국 금융감독원은 2018년 9월에 '제약 및 바이오기업의 연구개발비 회계처리 관련 감독지침'을 발표하고, 약품유형(신약, 바이오시밀러, 진단시약 등)별로 자산화가 가능한 단계를 설정했습니다. 통상 약품의 개발단계는 '후보물질 발굴〉전 임상시험〉임상 1상〉2상〉3상〉정부승인 신청' 순으로 이루어집니다. 금융감독원은 이를 기준으로 감독지침에서 '자산화' 시점을 상대적으로 성공가능성이 낮은 신약의 경우 임상 3상 개시를 승인 받았을 때, 바이오시밀러의 경우 임상 1상 개시를 승인 받았을 때로 할 것을 권고했습니다. 또한 연구개발비를 자산화한 금액을 개발단계별로 상세하게 주석에 공시하라는 가이드라인을 제시했습니다.

이후 셀트리온은 연구개발비 중 비용으로 인식하는 비중을 높였고, 그 결과 2017년 74.4%였던 개발비 자산화율이 2020년에는 55.4%로 무려 20% 가까이 떨어졌습니다. 하지만 여전히 2,000억 원이 넘는 금액이 무형자산화되고 있는데, 이는 매출기준으로 10%가 넘습니다. 이에 대해 셀트리온 입장에서는 바이오시밀러 의약품은 성공가능성이 높기 때문에 당연히 신약에 비해 개발비 자산화 비중이 높을 수밖에 없고, 또 연구개발 성과가 장기간에 걸쳐 구현된다는 점에서 적극적으로 개발비의 자산화를 하는 것이라고 정당화할 수 있습니다. 그럼에도 불구하고 셀트리온의 자산화 금액이 크다 보니 여전히 이슈가 되고 있습니다.

*참고 : 소비자가 만드는 신문(http://www.consumernews.co.kr)

*http://www.consumernews.co.kr/news/articleView.html?idxno=526838

앞에서 설명했듯이 영업권은 M&A를 하는 경우에 많이 발생합니다. 총 인수금액에서 피합병기업의 장부가치보다 높은 부분이 영업권으로 계상 되죠. 그럼 기업을 인수한 기업들은 인수 이후 영업권 이상의 가치창출 에 성공할까요? 이와 관련해 컨설팅업체인 베인앤컴퍼니에서는 주주관 점의 M&A 성공기준을 다음과 같이 정의하고 미국을 포함한 6개 국가에 서 700건의 대기업 M&A 사례의 성공률을 분석했습니다.

'M&A 이후 1년 이내에 주가에 기반한 주주가치상승률이 동종업계 평균 보다 10% 이상 높게 나타나는 것'

분석결과 M&A 성공률은 30%가 채 되지 않았습니다. 또한 글로벌 회 계·컨설팅업체인 PwC의 조사결과에서도 기업인수 후 24개월간의 주 주수익률이 동종 내 타기업보다 낮은 경우가 53%에 이르는 것으로 나타 났습니다.

그런데도 베인앤컴퍼니 조사사례에서 기업을 인수한 경영진 중 80%는 M&A가 성공적이라고 평가했습니다. 왜 이런 인식차이가 생겼을까요? 이에 대해 M&A 목적이 단기적인 기업가치 상승과는 무관하게 중장기적 으로 필요한 역량이나 기술을 확보하는 데 있기 때문에 그런 평가를 했 다고 볼 수도 있습니다. 하지만 필자 생각으로는 명확한 M&A 성공기준 이 없기 때문에 자신들의 성과를 긍정적으로 평가한 데 따른 인식차이로 보입니다.

필자는 직접 기업인수 과정에 참여한 경험도 있고, 신용평가기관, 컨설 팅업체, 대기업 등에 근무하면서 많은 M&A 사례를 봐왔습니다. 그 경험 을 토대로 필자 나름대로 정리한 M&A의 성공조건을 제시해보려 합니다.

물론 이 조건들만 충족하면 M&A가 성공한다고 볼 수는 없지만, 필자의 경험상 성공확률을 크게 높일 수는 있다고 생각합니다.

:: M&A를 성공으로 이끄는 3가지 기준

첫째, 우리 기업이 '인수를 통해 얻고자 하는 것'을 피인수기업이 가지고 있어야 합니다. 이를 통상 '합병 시너지'라고 표현합니다. 보통 M&A를 할 때는 인수기업과 피인수기업이 서로 협력해서 기존과 차별화된 제품이나 서비스를 개발할 수 있고, 양사의 역량을 결합하면 경쟁우위를 가질 수 있다고 기대합니다. 그런데 필자가 가까이에서 본 바로는 그러한 시너지가 발생했다고 인정할 만한 M&A 사례가 없었습니다.

현실적으로 기업문화가 다르고, 일하는 방식이 다르고, 인수기업과 피인수기업 구성원 간의 경계하는 마음이 있는 상태에서 서로 협력해서 시너지를 만들어내기를 기대하기는 어렵습니다. 따라서 M&A의 성공확률을 높이는 기준은 향후 상호협력을 통해 얻을 수 있는 기대효과가 아닌, 피인수기업이 '현재' 우리 기업이 '원하는 것'을 가지고 있느냐에 두어야 합니다.

둘째, 인수기업의 힘으로 가치를 창출할 수 있어야 합니다. 통상 기업을 인수할 때는 현재 해당 기업의 기업가치보다 더 많은 금액을 지불합니다. 그러면 당연히 인수 후에 인수기업이나 피인수기업의 가치가 지불금액보다 올라가야겠죠. 이를 위해서는 그러한 가치상승에 필요한 수단을 인수기업이 가지고 있어야 합니다.

이런 측면에서 M&A의 목적이 막연히 피인수기업이 속한 업종에 진출하고 싶다거나, 사업 포트폴리오 다각화에 있다면 해당 기업을 인수하지 않는 것이 바람직합니다. 즉, 새로운 업종진출을 목적(비관련 다각화)으로 한 인수의 경우 인수기업이 피인수기업의 부족한 자금력을 지원해줄 수 있거나, 피인수기업에게 부족한 경영관리역량을 제공하여 조기에 정상화할 수 있다는 확신이 없다면 인수에 참여하지 않기를 권하고 싶습니다.

셋째, 피인수기업을 '지배하지 않고' 지원해야 합니다. 만약 M&A의 목적이 피인수기업의 설비나 지적재산권 확보에 있다면 인수기업이 피인수기업을 특별히 지원할 필요가 없을 것입니다.

그런데 그 이상의 목적, 즉 피인수기업을 더 성장시키고 싶다면 인수기업이 점령자나 지배자가 아닌 피인수기업의 지원자 역할을 해줘야 합니다. 그렇지 않고 인수기업이 지배자역할을 하게 되면 자칫 전문성을 보유한 피인수기업의 직원들의 사기가 떨어져 기업을 떠나는 문제가 생길 수 있습니다. 이런 경우 다시 원상태로 돌리는 데 상당한 시간이 필요하게 됩니다. 따라서 소위 PMI(Post Merger Integration)라고 부르는 '합병 후 통합과정'은 피인수기업에 대해 충분히 파악하고 성장전략을 수립한 후에 진행하는 것이 바람직합니다.

:: 국내외 M&A 성공사례

구글의 유튜브 인수

지금까지 설명한 3가지 조건을 모두 충족하는 대표적인 해외 M&A 사례로는 구글(Google)의 유튜브(Youtube) 인수를 들 수 있습니다. 구글은 2006년에 창립한 지 1년밖에 안 된 유튜브를 2조 원에 가까운 16억 5천만 달러에 인수하면서 다음과 같은 원칙을 따랐습니다.

첫째, 구글은 인수를 통해 얻고자 하는 것을 유튜브가 가지고 있던 '글로벌 1위 동영상 공유업체라는 위상'으로 분명히 했습니다.

둘째, 구글은 보유하고 있는 자금력으로 유튜브를 지원했으며, 유튜브 동영상에 구글의 핵심 사업모델인 광고를 효과적으로 삽입하고 구독모델을 만들어냄으로써 '유튜버'라는 새로운 직업을 창출했습니다.

셋째, 구글은 인수 후 지금까지도 유튜브의 전체적인 디자인 등을 그대로 유지하고 있습니다. 유튜브 창업자인 스티브 첸이 인수 후 3년간 구글에서 근무하기도 했습니다.

M&A를 기반으로 성장한 SK그룹

그럼 국내에서는 어떤 기업을 M&A 성공사례로 꼽을 수 있을까요? 어쩌면 대우, 웅진 등 M&A를 통해 성장한 기업이 경기침체 등의 영향으로 쇠락했던 사례가 먼저 떠오를 수도 있습니다. 이에 비해 SK그룹은 SK에너지, SK텔레콤, 하이닉스 등 주력 3개사가 모두 M&A를 통해 인수한 기업일 정도로 많은 M&A를 통해 꾸준히 성장해왔습니다.

SK그룹의 모태는 최종건 전 회장이 정부로부터 인수한 선경직물입니다. 하지만 1980년에 대한석유공사를 인수하면서 주력사업이 섬유에서 정유로 바뀌었습니다.

이후 선경그룹은 장기 경영목표로 정보통신사업 진출을 추진했고, 1994년에 한국이동통신을 당시로서는 막대한 4,000억 원이 넘는 금액에 인수했습니다. 이처럼 높은 인수금액으로 인해 당시 내부적으로도 대부분의 임원이 인수를 반대했다고 합니다.

2000년대 들어서도 SK(1998년에 SK로 그룹명 변경)그룹은 줄곧 제3의 사업 포트폴리오를 찾아왔고, 2011년에 하이닉스를 인수하면서 반도체사업에 뛰어들었습니다. 이외에도 SK브로드밴드, SK매직, 드림어스컴퍼니 등 기타 계열사 중에도 인수한 기업이 많습니다.

이런 SK그룹의 M&A 사례가 앞에서 언급한 3가지 조건에 부합할까요? SK그룹이 인수한 주력기업들은 기존 사업과 관련이 없는 기업들입니다. 따라서 인수한 기업의 성장만을 추구할 뿐 인수기업과 피인수기업 모두가 보유하지 않은 시너지는 기대하지도 않았습니다.

그리고 정보통신이나 반도체사업의 경우에는 인수 이후 사업성장에 필요한 투자를 적극적으로 지원했습니다. 또한 해당 업종에서 전문성을 보유한 기존 임직원들을 유지하고 조직 내 성장을 지원하는 사례가 많았습니다.

결론적으로 SK그룹의 주요 M&A 사례도 앞의 3가지 조건에 부합한다고 할 수 있습니다

M&A는 고려해야 할 다양한 변수가 있고, 성공과 실패의 기준도 애매한 경우가 많습니다. 그럼에도 불구하고 필자는 지금까지 앞의 3가지 조건이 지켜진 M&A에서 실패했다고 볼 만한 사례를 찾지 못했습니다.

유동부채와 비유동부채 :

우리 기업의 빚은 갚을 만한 수준일까?

자산과 마찬가지로 부채도 갚아야 할 '시기'에 따라 '유동'과 '비유동'으로 구분합니다. 즉, 갚아야 할 시기가 1년 이내면 '유동부채', 1년이 넘으면 '비유동부채'로 분류합니다.

:: 유동부채

유동부채 중 사업상 '상거래'에서 발생하는 '매입채무'의 경우 대부분 만기가 '1년 미만'입니다. 실제로 매입을 하면서 만기를 아무리 좋은 조건으로 협의하더라도 90일을 넘기기 쉽지 않습니다. 이런 이유로 '상거래에 따른 채무'는 대부분 '유동부채'로 보면 됩니다.

:: 비유동부채

반면에 '금융기관'에 대한 채무는 '비유동부채' 비중이 높습니다. 금융기관 채무는 대부분 사업상 대규모 투자자금이 필요해서 생기는데, 이로 인한 투자성과가 단기에 나타날 수는 없습니다. 따라서 기업이 금융기관에서 투자자금을 조달할 때는 만기가 긴 장기차입금이나 회사채를 사용합니다.

참고로 '회사채'는 기업 입장에서 다수의 투자자로부터 자금을 조달할 수 있는 유용한 수단이 됩니다. 다만 기업이 회사채를 발행하려면 신용평가기관으로부터 신용평가를 받아야 합니다. 다수의 투자자로부터 자금을 조달하는 수단인 만큼 신용도가 담보되어야 하기 때문이죠. 1990년대 말까지만 해도 금융기관이 지급을 보증하는 보증채가 주로 거래되었지만, IMF 구제금융을 받은 이후 1998년부터는 신용평가기관으로부터 신용평가를 받아서 '투자등급(BBB−)'을 받아야만 회사채를 발행할 수 있게 되었습니다(123쪽 참조).

:: 유동성 장기부채

장기부채 중에서 갚아야 할 시기가 1년 이내로 다가온 부채는 재무상태표에 '유동성 장기부채'로 분류합니다. 즉, 재무상태표는 회계연도 말에 작성하므로 장기부채 중에 다음 회계연도 말까지 갚아야 하는 부채는 '유동성 장기부채'로서 별도로 분류하는 것이죠. 유동성 장기부채는 단기간 내에 상환해야 하는 부채로서, 금융기관이 기업의 단기적인 신용도를 평가하는 데 있어서 주요한 지표 중 하나가 됩니다.

여러분은 대부분 '신용평가'라는 용어에 익숙할 것입니다. 기업이 아닌 개인도 대출을 받을 때 신용평가에 따른 신용도에 따라 혜택이나 불이익을 받기 때문이죠.

그렇지만 IMF 구제금융을 받기 전만 해도 신용평가라는 용어 자체를 거의 들을 수 없었습니다. 그 전에도 국내에 신용평가기관이 있기는 했지만 업무범위도 넓지 않고 위상도 높지 않았습니다. 그러다 IMF 구제금융을 받기 직전 우리나라의 국가신용도가 투기등급으로 떨어지고, 그 결과 나라 빚을 갚아야 하는 상황에 몰렸습니다. 당시 언론에서는 연일 무디스(Moody's)나 S&P(Standard & Poors)와 같은 미국 신용평가기관에서 결정하는 국가신용도에 대해 보도했고, 이로 인해 일반 사람들도 신용평가라는 말을 알게 되었습니다.

필자는 그 당시에 신용평가기관에서 사회생활을 시작했는데, 날이 갈수록 달라지는 업계의 위상을 느낄 수 있었습니다. 당시 금융기관에서 대출을 받으려면 신용평가기관에서 신용등급을 받아오라고 요구하는 경우가 많았고, 그러다 보니 신용평가기관이 엄청난 힘을 가졌다고 생각하는 사람이 많아졌기 때문이죠.

그 당시에는 금융기관의 요구에 따라 신용평가기관에 처음 신용평가를 받으러 오는 기업들이 많았는데, 그 중 상당수가 부채비율과 영업이익률 등 재무 관련 비율만 좋으면 신용등급이 높게 나올 것으로 기대하곤 했습니다. 이로 인해 필자는 평가등급이 기대에 못 미친다고 생각하는 고객들에게 어떤 요소들이 평가에 반영되었고, 왜 해당 등급이 나왔는지를 한참 동안 설명해야 했습니다.

::신용평가는 채무불이행의 위험을 평가하는 것

그럼 신용등급은 무엇으로 판단할까요? 필자가 신용평가기관에 다니던 시기에 무디스 웹사이트에 들어가 보니 '신용평가는 본질적으로 주관적이다'라는 말이 나와 있었습니다. 필자는 그 말이 신용평가의 속성을 한 마디로 잘 표현했다고 생각했습니다. 신용평가를 위해 수많은 정량적·정성적 분석을 하지만 최종적으로는 수치화할 수 없는 주관적 판단이 들어갈 수밖에 없기 때문이죠. 실제로 기업마다 리스크의 총량과 구성요소가 다르기 때문에, 각 요소마다 정해진 배점을 두고 그 총점만으로 기업의 신용도를 평가하지는 않습니다.

그럼 신용평가에 어떤 요소들을 반영하는지 한 번 살펴보겠습니다. 신용평가는 '채무불이행의 위험'을 평가하는 것이며, 위험은 크게 '사업위험'과 '재무위험'으로 나눌 수 있습니다.

사업위험

사업위험은 '영업을 통한 현금창출 능력', 즉 '영업 및 투자현금흐름'과 연관되어 있는 위험입니다. 채무이행은 외상이 아닌 현금으로 이루어져야 하므로, 위험은 이익이나 매출이 아닌 영업과 투자를 포함한 사업활동을 통해 얼마나 현금을 벌어들였는지를 기준으로 평가하게 됩니다. 따라서 기업이 아무리 이익을 많이 내더라도 실제로 현금을 받아서 채무를 갚지 못한다면 신용등급은 낮을 수밖에 없습니다.

그럼 현재 평가대상 기업이 이익을 많이 내고 현금흐름이 좋다면 채권자 입장에서 해당 기업의 사업위험이 낮다고 판단할 수 있을까요? 꼭 그렇지는 않습니다. 채권자 입장에서는 돈을 빌려준 기업이 아무리 돈을 많이 벌어도 이자를 더 받을 수는 없기 때문에 해당 기업이 이익을 많이 낸다고 해서 더 좋을 일이 없습니다. 오히려 해당 기업이 경기에 민감한 사업을 크게 벌려서 돈을 많이 벌고 있다면 사업위험이 높아 신용도가 낮게 평가될 수 있습니다. 경기에 민감한 사업인 만큼 경기가 악화되면 현금흐름이 급격히 나빠질 수 있기 때문이죠.

재무위험

재무위험은 '채무구조'와 연관되어 있는 위험입니다. 채무가 적은 기업이 당연히 재무위험이 낮겠죠. 또 하나의 중요한 요건은 '유동부채와 고정부채가 적정하게 유지'되고 있느냐입니다. 만일 기업이 투자에 따른 결과를 단기에 회수할 수 없는 상황에서 투자자금을 만기가 1년 이내인 유동부채를 통해 조달했다면 신용도가 떨어지게 됩니다. 따라서 유동부채는 기업이 영업을 통해서 벌어들이는 현금으로 감당할 수 있는 수준으로 유지되어야 합니다.

중기적인 채무상환 부담

한편, 기업이 앞서 언급한 회사채를 발행(121쪽 참조)하기 위해 신용평가를 받을 때는 '중기적인 채무상환 부담'이 가장 중요한 평가요소가 됩니다. 예를 들어 해당 기업이 3년 뒤에 거액의 채무를 상환하기로 했는데, 3년간 돈을 벌어도 해당 채무를 갚을 수 없는 상황이라면 신용도는 크게 낮아질 수밖에 없습니다. 그 상황에서 추가로 회사채까지 발행한다면 채권자 입장에서 돈을 받을 수 있을지 없을지 불안할 수밖에 없을 테니까요.

:: 투자등급의 의미

끝으로 신용평가와 관련하여, '투자등급'이라고 해서 채무불이행 위험이 없음을 의미하지는 않는다는 사실을 알아두어야 합니다. 회사채를 발행할 수 있는 '투자등급'은 AAA에서 BBB−까지의 신용등급을 말합니다. +/−를 제외하더라도 투자등급에는 AAA, AA, A, BBB라는 4개의 등급이 있습니다. 만약 투자등급이 채무불이행 위험이 없음을 의미한다면 이렇게 4개의 등급을 만들 필요가 없겠죠. 따라서 투자등급을 받았다고 해서 채무불이행 가능성이 없지는 않기 때문에 투자등급 기업과 거래하거나 해당 기업에 돈을 빌려줄 때는 구체적으로 어떤 위험이 있는지 살펴보고, 해당 위험요소의 영향에 대해 모니터링해야 합니다.

08

퇴직급여충당부채 :

왜 직원의 퇴직금이 부채가 되는 걸까?

기업 구성원이 퇴직하면 퇴직금을 지급해야 합니다. 퇴직금은 대략 1년을 근무하면 1개월치 월급만큼의 금액을 지급하기 때문에, 장기근속한 직원의 경우 몇 년치 연봉에 해당하는 돈을 지급해야 합니다.

또한 퇴직금은 법적으로 반드시 직원이 퇴사한 후 일정 기간 내에 지급해야 하므로 이를 위해 근로자퇴직급여보장법에서는 기업에 대해 의무적으로 모든 직원에 대한 퇴직금을 장기부채로 쌓아두도록 하고 있습니다. 이것이 '퇴직급여충당부채'입니다. 이런 이유로 임직원의 근속기간이 긴 기업의 경우 이 퇴직급여충당부채가 전체 부채에서 차지하는 비중이 꽤 높게 나타납니다.

:: 퇴직급여충당부채를 회계처리해야 하는 이유

퇴직급여충당부채는 직원들이 1년 더 근무하면 그만큼 추가로 늘어나게 됩니다. 이러한 증가분을 매년 회계처리하지 않고 직원이 퇴직할 때 퇴직금 전체를 일시에 비용으로 처리한다면 퇴직하는 직원의 수나 근속년수에 따라 기업의 손익이 바뀌는 상황이 발생할 수도 있습니다. 예를 들어 특정 해에 신입사원을 많이 뽑았는데 이들이 일시에 정년퇴직을 한다면 비용이 급격히 늘어나 사업에서 돈을 벌었어도 결과적으로 손실을 보는 경우가 나타날 수 있는 것이죠.

따라서 앞서 언급했던 '수익·비용 대응의 원칙(48쪽 참조)'에 따라 직원들이 1년간 일해서 수익을 창출했다면, 그 결과로써 지급한 임금뿐 아니라 향후에 지급할 퇴직금 증가분도 비용으로 처리하도록 하고 있습니다. 이래야 손익을 인식하는 기본원칙에 보다 부합하고, 또 직원의 퇴직이 손익에 과도한 영향을 주는 상황을 막을 수 있습니다.

:: 퇴직급여충당부채를 회계처리하는 방법

퇴직급여충당부채의 분개는 앞서 살펴본 자산과 자산의 꼬리표로 이루어지는 일반적인 분개가 아니라 기말에 추가적으로 이루어지는 회계처리에 해당합니다. 그렇기 때문에 자산의 움직임과 거래의 성격을 가늠하여 분개를 할 수는 없습니다. 그럼 어떻게 해야 할까요?

일반적인 거래에서는 '자산이 움직였다'는 가장 확실한 사실이 존재합니다. 따라서 자산을 먼저 차변이나 대변에 기록한 다음 상대 계정에 무엇을 기록할지를 판단하면 됐죠. 퇴직급여충당부채에 대한 회계처리 역시 자산이 움직인 거래는 아니지만 이와 동일한 방식으로 기록하면 됩니다.

기업 입장에서 향후 지급해야 하는 퇴직금이 늘어났고 그 금액을 부채로 표시하기로 했습니다. 따라서 먼저 대변에 퇴직급여충당부채를 기록합니다. 그런 다음 이것이 어떤 성격의 거래인지를 정해야 합니다. 자산과 부채 간 거래는 아니므로 수익이나 비용이 발생한 거래겠죠. 그런데 차변에는 수익이 기록될 수 없으므로 비용을 기록해야 한다는 사실을 알 수 있습니다. 즉, 실제로 현금과 같은 자산이 빠져나가지는 않았지만 직원이 1년 더 근무함으로써 늘어난 미래 퇴직금 지급분(회계처리 시 '퇴직급여'로 기록)을 비용으로 처리하면 됩니다. 지금까지 설명한 내용을 분개해보면 다음과 같습니다.

차변) 퇴직급여 ×××　　　대변) 퇴직급여충당부채 ×××

∷ 그 밖의 충당금의 처리방법

퇴직급여충당부채 외에도 기업의 미래 위험을 대비하기 위해 쌓아두는 또 다른 부채들이 있습니다. 예를 들어 기업에서 제품을 판매하면서 품질, 수량 등에 결함이 있을 때 무상으로 수선·교환해주겠다고 약속하는 경우가 있습니다. 이런 경우처럼 제품보증에 따른 보증청구로 인해 자원이 유출될 가능성이 높고 해당 자원유출 금액을 추정할 수 있다면, 그 금액을 '제품보증충당부채'로 인식해야 합니다.

충당금을 부채로 보지 않는 경우

미래 위험을 대비하기 위해 충당금을 쌓지만 '부채로 보지 않는 경우'도 있습니다. 대표적인 사례로 '대손상각'으로 인한 '대손충당금'이나, '손상차손' 발생에 의한 '손상차손누계액'을 들 수 있습니다.

'대손상각'은 매출채권(외상매출금 등)이나 대여금 등을 받을 수 없다고 '판단'될 때 장부에서 해당 금액을 감소시키는 것을 말합니다. 즉, '결과적으로 못 받게 된' 금액이 아니라 '못 받게 될 금액으로 예측'될 때 사용하는 계정입니다.

'손상차손'은 자산의 가치가 장부가액보다 낮아졌을 때 해당 감소액을 기록하는 것을 말합니다.

이 2가지 상황에 대한 회계처리를 할 때는 다음과 같이 차변에는 대손상각비나 손상차손을 '비용'으로 인식하고, 대변에는 대손충당금과 손상차손누계액을 '자산에서 차감'하는 방식으로 인식하게 됩니다. 자산에서 차감(자산감소)하는 것이기 때문에 부채가 발생(부채증가)한 것과 동일하게 '대변'에 기록하는 것이죠.

차변) 대손상각비 ××× 대변) 대손충당금 ×××
차변) 손상차손 ××× 대변) 손상차손누계액 ×××

그럼 왜 부채로 인식하지 않고 자산에서 차감하는 걸까요? 앞서 설명했듯이 부채는 기업이 거래상대방에게 일정 기간 후에 거래대가를 지급해야 할 의무가 있을 때 인식합니다. 그렇지만 대손상각이나 손상차손의 경우 의미상 누군가에게 돈을 지급해야 할 의무는 없습니다. 따라서 부채라고 볼 수 없고 자산이 줄어들었다고 보는 것이 맞기 때문에 자산에서 차감하게 됩니다.

손상차손은 회계처리기준 등이 꽤 복잡합니다. 다음 쪽의 사례는 손상차손이 때로는 기업에 큰 영향을 미칠 수 있음을 보여주고 있습니다. 손상차손에 대한 전반적인 이해보다는 이런 일도 있을 수 있구나 하는 정도로 가볍게 읽어보기 바랍니다.

손상차손에 따른 유통업계의 3중고

2020년에 국제회계기준에 따른 리스회계기준(IFRS16 Leases)이 변경되어 운용리스항목이 부채에 반영됨에 따라 유통업체 실적이 요동치게 되었습니다. '운용리스'는 사업에 사용하는 설비나 물건 등의 자산을 필요한 기간 동안만 임차료를 내며 사용하는 것으로, 통상 '단기비용'으로 인식합니다. 그런데 회계기준의 변경으로 갑자기 운용리스로 사용하는 설비 등을 자산으로, 앞으로 줄 임차료를 부채로 재무제표에 반영하게 된 것이죠. 이에 따라 임차점포가 많은 유통사의 경우 상당 규모의 자산과 부채를 당기에 한꺼번에 인식하게 되었습니다.

:: 1년 만에 유통업체 적자폭이 2배로 늘어난 이유

롯데쇼핑은 임차해서 쓰고 있는 백화점·마트 점포의 임차료를 예전 회계기준에서는 비용으로만 처리하다가, 새로운 회계기준에 따라 일시에 임차해 쓰고 있는 점포의 사용권자산(사용기간 동안의 자산가치)은 자산으로, 앞으로 지급해야 할 임차료는 부채로 회계처리했습니다. 그 결과 2019년 연결회계기준으로 8,536억 원의 순손실을 기록하여 전년 대비 적자폭이 2배로 증가했고, 4분기에만 1조 164억 원의 순손실이 생겼습니다. 왜 이런 일이 발생했을까요?

롯데쇼핑이 운영하는 롯데백화점 점포 51개 중 55%인 28개가 임차이고, 롯데마트 역시 점포 124개 중 57개(46%)가 임차입니다. 그런데 이들 임차점포 중 상당수의 사업상 가치(점포의 사업상 이용을 통해 향후 벌어들일 수 있는 예상이익의 가치)가 사용권자산 장부가액에 미치지 못한 것입니다.

물론 사업상 가치가 장부가액보다 높은 점포도 있겠지만, 그런 경우에는 그 차액을 이익으로 인식하지 않습니다. 보유한 자산가치가 장부가액보다 커질 경우에는 이익을 인식하지 않고 작아질 경우에만 손상차손으로 인식해야 하기 때문입니다.

앞에서 설명했듯이 손상차손은 기업이 보유 중인 자산의 가치가 장부가액보다 떨어졌을 때 이를 재무상태표와 손익계산서에 반영하는 것을 말합니다. 결국 롯데쇼핑은 2019년 연결회계기준상 사용권자산에 대한 손상차손을 9,353억 원 반영하는 바람에 위와 같은 순손실을 기록하게 된 것입니다.

반면 이마트의 경우 자가점포 비중이 80%가 넘고, 적자를 내는 임차점포도 별로 없어서 손상차손이 실적에 미친 영향이 거의 없었습니다.

이처럼 유통업계에서는 위와 같은 회계기준 변경으로 인해 업황이 좋지 않아 이익이 줄어든 상황에서 대규모의 손상차손이 발생하고 부채도 늘어나는 3중고를 겪게 되었습니다.

*출처 : 연합인포맥스(http://news.einfomax.co.kr), 2020.2.28.

손익계산서에서는
무엇을 살펴봐야 할까?

01

매출원가·판매비와 관리비 :

이것만 봐도 기업의 업종을 알 수 있다?

손익계산서는 용어 자체가 비교적 이해하기 쉽고, 판매비와 관리비(실무상 주로 '판관비'라고 부르며, 이후 편의상 '판관비'로 지칭하겠습니다)와 영업이익, EBIT 정도만 알고 나면 전체 흐름을 이해하는 데 큰 무리가 없습니다. 일반적으로 손익계산서는 다음 쪽 표와 같은 순서로 기록합니다.

:: 손익계산서의 주요 내용

다음 쪽의 손익계산서를 보면 알 수 있듯이, 매출액에서 매출원가를 뺀 금액이 '매출총이익', 매출총이익에서 판관비(판매비와 관리비)를 뺀 금액이 '영업이익'이 됩니다. 바로 이 매출에서 영업이익까지의

손익계산서

제53기 2021.01.01 부터 2021.12.31 까지
제52기 2020.01.01 부터 2020.12.31 까지
제51기 2019.01.01 부터 2019.12.31 까지

(단위 : 백만 원)

	제53기	제52기	제51기
수익(매출액)	199,744,705	166,311,191	154,772,859
매출원가	135,823,433	116,753,419	113,618,444
매출총이익	63,921,272	49,557,772	41,154,415
판매비및관리비	31,928,110	29,038,798	27,039,348
영업이익	31,993,162	20,518,974	14,115,067
기타수익	7,359,004	797,494	5,223,302
기타비용	745,978	857,242	678,565
금융수익	3,796,979	5,676,877	4,281,534
금융비용	3,698,675	5,684,180	3,908,869
법인세비용차감전순이익(손실)	38,704,492	20,451,923	19,032,469
법인세비용	7,733,538	4,836,905	3,679,146
계속영업이익(손실)	30,970,954	15,615,018	15,353,323
당기순이익(손실)	30,970,954	15,615,018	15,353,323
주당이익			
기본주당이익(손실) (단위 : 원)	4,559	2,299	2,260
희석주당이익(손실) (단위 : 원)	4,559	2,299	2,260

*출처 : 삼성전자 사업보고서

산출과정이 기업과 투자자가 주로 관심을 가지는 영역이 됩니다. 이 밖에 영업이익 아래의 항목 중 손익계산서에서 주로 살펴보는 내용은 다음과 같습니다.

- 영업외이익이나 영업외비용 중 매년 발생하지 않는 큰 이익이나 비용이 있는지 여부
- 이자비용이 영업이익과 비교했을 때 어느 정도 되는지 여부

참고로 과거에는 위의 내용 중 매년 발생하지 않는 큰 이익이나 비용을 영업외이익이나 영업외비용이 아닌 '특별이익'이나 '특별손실'로 분류하고 이를 가감해서 '경상이익'을 계산했지만, 현재는 영업외이익이나 영업외비용에 포함하여 분류하고 있습니다.

:: 판관비 비중을 보면 기업이 보인다

판관비에는 마케팅비용, 판촉비용과 같이 판매확대를 위해 지출하는 비용과 스탭부서 직원들의 인건비 등 영업 및 관리활동 등에 지출하는 비용이 포함됩니다. 반면에 제조업체의 생산시설에서 일하는 직원의 인건비는 판관비(인건비)가 아닌 '제조원가'에 포함됩니다.

건물의 감가상각비도 마찬가지입니다. 즉, 관리직 직원이 상주하는 건물의 감가상각비만 '판관비'에 포함되며, 공장건물의 감가상각비는

판관비가 아닌 '제조원가'에 포함되기 때문에 결국은 '매출원가'의 일부가 됩니다. 따라서 손익계산서상의 인건비와 감가상각비를 해당 기업의 인건비와 감가상각비 총액으로 보면 안 됩니다.

판관비 전체 규모 외에 주의 깊게 살펴볼 항목은 '광고선전비'와 '연구비 및 경상개발비'입니다. 먼저 매출액 대비 '광고선전비' 비중을 경쟁업체와 비교해보면 상대적인 판촉활동의 효율성을 확인할 수 있습니다. 또한 매출액 대비 비용으로 처리한 '연구개발비'와 무형자산으로 처리한 '개발비'의 비중을 보면 기업이 연구개발에 어느 정도 중점을 두고 있는지, 또 미래 성장을 위해 어느 정도 투자하고 있는지를 파악할 수 있습니다.

또한 다음과 같이 매출액 대비 매출원가와 판관비 비중을 보면 해당 기업이 어떤 업종을 영위하고 있는지를 어느 정도 알 수 있습니다.

제조업

우선 매출원가 비중은 극단적으로 높은데 판관비 비중은 10%도 되지 않는다면 부품제조기업인 경우가 많습니다. 이런 기업은 대체로 영업이익률도 낮은 편입니다.

이에 비해 매출원가 비중이 50%가 넘으면서 판관비 비중도 20~30% 수준으로 꽤 높다면 제조업이면서 최종고객에게 판매하는 형태로 운영되는 기업인 경우가 많습니다. 제품 마케팅 등에 많은 비용을 써야 하기 때문에 제조업임에도 불구하고 판관비 비중이 높게 나타나는 것이죠. 이런 기업들은 대체로 영업이익률이 5% 내외로 나타나며, 브랜드 파워 등이 수익성에 영향을 미치게 됩니다.

B2B사업

판관비 비중은 일반 제조업과 유사하거나 조금 높은 수준인데 영업이익률이 높다면 제조업이면서 B2B사업을 영위하는 기업인 경우가 많습니다. 주로 기업고객과 관계를 맺고 관리하기 때문에 판관비수준이 높고, 장기간의 거래관계와 기술력을 바탕으로 한 신뢰를 기반으로 사업을 하기 때문에 영업이익률이 일반고객을 대상으로 하는 대기업보다는 높은 수준인 10% 내외인 경우가 많습니다.

고가제품 판매업

매출원가가 50% 미만이고 매출원가를 넘는 정도의 판관비 비중을 보인다면 브랜드 파워나 디자인과 같은 품질요소가 특히 중요한 고가의 제품을 판매하는 기업이라고 보면 됩니다. 여성의류나 액세서리, 화장품 등이 이런 제품에 해당하겠죠.

유통업

그럼 유통업의 경우에는 어떨까요? 백화점 등의 인프라를 보유하고 브랜드 파워를 유지해야 하는 기업의 판관비 비중은 20% 이상으로 다른 업종에 비해 상대적으로 높게 나타나며, 영업이익률은 1% 내외로 낮은 수준을 보입니다.

서비스업

서비스업의 경우 매출원가나 판관비를 따로 표시하지 않고 영업수익과 영업비용으로 표시하는 경우가 많은데, 세부항목을 살펴보면 서비스를 제공하기 위해 어떤 자산을 많이 사용하는지를 확인할 수 있습니다. 예를 들어 통신업과 같은 인프라 기반 사업을 한다면 감가상각비 비중이 높게 나타납니다.

지금까지 살펴봤듯이 매출액 대비 매출원가 및 판관비 비중과 그에 따른 영업이익은 업종별로 다르게 나타납니다. 따라서 손익계산서를 볼 때는 해당 기업이 영위하는 업종의 특성을 고려하여 매출액이익률이나 영업이익률이 높은지 낮은지를 판단해야 하며, 해당 업종에서 어떤 활동이 중요하고 어떤 것이 핵심 경쟁력인지를 파악하는 것이 중요합니다.

02

영업이익과 EBIT :

경영계획에 반영되는 이익개념은 따로 있다

영업이익과 유사한 지표로 'EBIT'라는 것이 있습니다. EBIT는 'Earnings Before Interest and Taxes'의 약자로, 그대로 번역하면 '이자와 세금 반영 전의 이익'이 됩니다. 이를 손익계산서 기준으로 보면 '영업이익에서 영업외이익 및 영업외비용 중 이자비용을 제외한 금액'이 됩니다.

:: 기업경영에서의 EBIT의 의미

간단히 표현하면 EBIT는 '영업이익의 사전적 개념'이라고 할 수 있는데, 이것이 기업경영에서 어떤 의미가 있는지 살펴보겠습니다.

예를 들어 기업이 내년도 경영계획을 세운다고 가정해보겠습니다.

이때 영업이익은 매출과 원가를 추정해서 예측해볼 수 있습니다. 이자비용도 기말 현재 차입금 잔액과 다음해 자금수지를 계산해보면 사전에 추정해볼 수 있습니다.

반면에 대부분의 영업외이익과 영업외비용은 사전에 예측하기가 쉽지 않습니다. 말 그대로 사업을 운영하다 '예상치 않게' 발생하는 이익이나 손실이기 때문이죠. 대표적 사례로는 환율변동에 따라 발생하는 외화환산이익이나 외화환산손실이 있습니다.

물론 환율이나 주가변동도 예측해볼 수는 있습니다. 하지만 워낙 예측정확도가 떨어지기 때문에 예측결과를 경영계획에 반영하기는 어렵습니다. 또한 이런 이익이나 손실은 기업의 주체적인 사업추진에 따른 결과로서가 아니라 온전히 외부 요인에 의해 결정되기 때문에 경영계획에 반영한들 큰 의미가 없습니다.

따라서 기업에서 경영계획이나 예측을 할 때의 영업이익은 이자와 세금 반영 전의 이익(Earnings Before Interest and Taxes, EBIT)과 동일하게 됩니다.

해외에서는 규모가 작거나 사업이 단순한 기업의 경우 손익계산서에 영업이익 대신 EBIT로 표시하기도 합니다. 우리도 회계기준에 따른 제약사항만 없다면, 영업외수익이나 이자비용을 제외한 영업외비용이 미미하거나 아예 없는 경우에는 그렇게 표현해도 무방할 것입니다.

03

OPEX · CAPEX :

지출도 자산으로 인식할 수 있다?

회사에 처음 들어가서 투자나 비용에 대해 선배 등과 이야기하다보면 'OPEX', 'CAPEX'라는 용어를 자주 듣게 됩니다. 그런데 이 용어를 즐겨 쓰는 선배들도 뜻은 어렴풋이 알고 있는데, 정확한 개념은 이해하지 못하는 경우가 있습니다.

:: OPEX와 CAPEX의 개념

사전적으로 OPEX(Operational Expenditure)는 '수익적 지출'을, CAPEX(Capital Expenditure)는 '자본적 지출'을 의미합니다.

OPEX는 기업이 그 해에 수익을 창출하기 위해서 지출한 '비용', 즉 사업운영을 위해 지출한 비용입니다. 따라서 당연히 그 해의 '비용'으로 인식합니다.

CAPEX는 기업이 '여러 해 동안 사용하기 위한 목적으로 한 투자'를 말합니다. 예를 들어 5년 동안 사용할 목적으로 기계장치를 새로 샀다면 이것은 CAPEX가 됩니다. 이 경우 CAPEX는 '자산'으로 인식합니다. 그리고 이렇게 5년간 사용할 목적으로 구입했다면 올해 '비용'으로는 기계장치 가격의 1/5만 '감가상각비'로 인식하면 됩니다.

그럼 왜 여러 해 동안 사용할 수 있으면 자산으로 볼까요? 이에 대해 앞서 설명한, 손익을 인식하는 기본원칙인 '수익·비용 대응의 원칙'의 개념을 떠올릴 필요가 있습니다(48쪽 참조). 특정 금액의 지출을 통한 수익이 여러 해 동안 발생하면 비용도 수익 발생에 맞춰 인식해야 한다는 원칙이죠. 이 원칙에 따라 여러 해 동안 사용가능한 지출은 투자로 보고 자산으로 처리한 후, 투자효과가 발생하는 기간 동안 매년 나눠서 감가상각비로 처리함으로써 비용으로 인식합니다.

:: 지출성격 판단의 일관성이 필요

위의 설명을 보면 OPEX와 CAPEX의 구분이 간단해 보이지만 애매한 경우도 많습니다. 예를 들어 기계가 고장 나서 수리(수선)한 경우를 가정해보겠습니다. 이런 경우 수리의 효과는 1년 이상 간다고 볼 수 있지만, 간단한 수리라면 굳이 자산으로 처리하지 않고 비용으로 인식하는 방식이 합리적일 수 있습니다. 만일 수익성이 좋은 기업이라면 자산으로 인식하는 것이 합리적인 상황에서도 비용으로 인식해버리릴 수 있겠죠.

이처럼 OPEX나 CAPEX는 기업의 상황에 따라 판단하는 방식이 다를 수 있습니다. 그렇지만 재무제표의 신뢰성 측면에서 이러한 판단을 일관성 있게 처리하는 것이 중요합니다. 똑같은 지출을 두고 어느 해에는 CAPEX라고 판단해서 자산으로 처리하다가, 어느 해에는 이익이 많이 난다고 해서 OPEX로 판단한다면 회계기준을 어긴 것은 아니라도, 이 역시 또 다른 방식의 분식회계라고밖에 볼 수 없습니다.

업종별로 장기적인 사업안정성이 높은 우량기업들은 비용관리에 치졸할 정도로 엄격하다는 공통된 특징이 있습니다.

예를 들어 섬유업종에서 오랜 기간 높은 수익성을 유지해온 태광산업은 예전에 고등학교 건물과 부지를 매입해서 해당 건물을 그대로 본사 사옥으로 사용하고 운동장을 주차장으로 쓰고 있습니다. 필자가 과거에 신용평가를 위한 인터뷰를 하러 해당 기업에 방문했을 때 기억으로는 건물 외관뿐 아니라 교실도 그대로 사용하고 있었습니다. 복도로 연결된 사무실의 미닫이문을 열고 들어가면 직원들이 예전 교실 구조 사무실에 사무용 책상과 의자를 놓고 근무하고 있었죠.

선대 회장에 대한 일화도 유명합니다. 다소 과장되고 꾸며낸 이야기일 수도 있지만, 선대 회장은 사무실 쓰레기통을 뒤져서 한 면이라도 안 쓰고 버린 이면지가 나오면 부서장을 불러다 호통을 쳤다고 합니다.

:: 비용절감은 '체화'되어야 한다

이렇게 철저하게 비용절감을 하면 앞에서 언급했듯이 같은 수준의 매출액을 달성하더라도 이익을 더 늘릴 수 있고 불황이나 원재료 수급불균형 때문에 적자가 발생하는 상황도 어느 정도 막을 수 있습니다.

그렇지만 비용절감이 어느 날 마음 먹는다고 되지는 않습니다. 경영진이 항상 제조원가와 비용절감에 관심을 가져야 할 뿐 아니라, 비용절감 방식이 모든 구성원의 몸에 베어 있어야 비용절감의 기회가 생길 수 있습니다. 즉, 전사적으로 비용절감이 소위 '체화'되어야 합니다. 그래야만 비용절감이 경쟁사가 알면서도 따라 하기 힘든 경쟁력이 될 수 있습니다.

예를 들어 항상 성적이 좋은 친구에게 비결을 물어 보니 하루 4시간 수면과 먹는 시간 빼고는 공부에 전념하는 것이라고 대답했다고 해보겠습니다. 참 간단하고 쉬워 보이죠? 그래서 이를 따라 해보는 친구도 있겠지만, 그 중 대부분은 이렇게 공부하며 사느니 차라리 지금 성적에 만족해 하겠다며 중간에 포기하게 될 것입니다.

그럼 그 친구는 어떻게 그런 공부법이 가능했을까요? 습관이 되었기 때문입니다. 늘 적게 자니까 그러면서도 체력을 유지하는 깨알 같은 노하우가 생기게 되고, 공부가 일상이니까 운동이나 여가생활을 안 해도 답답함을 느끼지 않게 됩니다. 그러니 이런 습관화가 되어 있지 않은 친구들이 똑같은 생활을 따라 하면 체력이 쉽게 고갈되고 스트레스만 쌓여서 오히려 성적이 떨어질 수도 있는 것이죠. 기업이 비용절감을 전사적으로 체화하는 과정도 이와 같다고 볼 수 있습니다.

:: 비용절감에 따른 구성원 스트레스를 줄이는 방법

그런데 기업에서 비용절감 등의 목표를 일반적인 수준보다 높게 설정할 경우 구성원들의 스트레스가 늘어나게 됩니다. 따라서 지속적인 비용절감을 위해서는 구성원들의 사기가 유지될 수 있는 반대급부가 있어야 합니다.

예를 들어 비용절감의 대표적 성공사례로 유명한 사우스웨스트항공은 펀(FUN)경영을 통해 직원들이 지치지 않고 즐겁게 일할 수 있도록 관리하고 있습니다.

또한 섬유업종 우량업체로서 오래도록 안정적으로 사업을 운영해온 일신방직은 비용절감 역시 경쟁업체에 비해 철저히 유지하고 있습니다. 그런데 이 기업 역시 이러한 경쟁력을 유지하기 위해 직원들의 스트레스를 적절히 관리해주고 있습니다.

이 기업은 최근 제도화된 주당 52시간 근무상한이 나오기 훨씬 전부터 정규 일과시간 이후에는 야근을 하지 못하게 하고, 사내동호회를 활성화하여 직원들이 여가생활을 통해 스트레스를 이겨나갈 수 있도록 활로를 만들어주었습니다.

이런 사례들처럼 직원들에 대한 배려가 지속적인 비용절감을 위한 하나의 경영 노하우라고 할 수 있습니다.

04

실적비교 :

기업 간 손익비교는 얼마나 믿을 수 있을까?

어느 업종의 기업이든 분기말이나 연말이 되면 경쟁사와 실적을 비교합니다. 경쟁사와 실적차이가 나는 원인이나, 경쟁사보다 영업이익률 등이 낮은 원인이 무엇인지를 열심히 찾아보죠.

그런데 문제는 각 기업별로 회계처리방법이 달라서 이러한 실적차이가 실제와 다를 수 있다는 점입니다. 예를 들어 경쟁사 실적이 우리 기업보다 더 좋은 것으로 발표되었지만, 만약 우리 기업에서 사용하는 회계처리방법을 동일하게 적용했다면 오히려 실적이 우리 기업보다 더 나빠지는 경우도 있을 수 있습니다.

또한 접근할 수 있는 각 기업의 공시정보가 제한적이기 때문에 현실적으로 각 기업의 회계부서나 기획부서에서는 경쟁사와의 실적차이를 매출액과 영업이익률만으로 확인하고 분석하는 경우가 대부분입니다.

: : 기업 간 실적비교를 어렵게 하는 항목들

그럼 주로 어떤 항목들이 기업 간 실적비교를 어렵게 만들까요? 지금까지 살펴본 내용을 기준으로 해당 항목들을 정리해보면 다음 표와 같습니다.

우선 기업이 원재료값이 급등하는 시기에 매출원가를 후입선출법(가장 최근에 제조한 제품부터 판매된다고 가정하는 것)으로 처리하면 높은 원재료값이 원가에 반영되어 타사보다 이익이 줄어들 수 있습니다. 그렇지만 대부분의 업종에서는 재고자산을 3개월 이상 보유하지 않기 때문에 1년을 기준으로 볼 때는 상대적으로 영향이 크지 않다고 볼 수 있습니다.

기업이 '투자자산'을 원가법이나 지분법 중 어떤 기준으로 회계처리하느냐에 따라서도 기업 간 실적차이가 날 수 있습니다. 다만 기업규모가 유사하고 자사와 경쟁사가 모두 상장기업이라면 모회사와 자회사를 하나로 보고 연결재무제표를 작성하기 때문에, 연결재무제표를

| 업체별 회계처리의 차이에 따른 손익변동(재고자산, 투자자산, 유형자산, 무형자산) |

항목	영향요인	이익감소 사례
재고자산	• 재고흐름에 대한 가정 • 평가 및 감모손실 반영	• (물가상승 시) 후입선출법 사용 • 손실을 적극 반영하는 경우
투자자산	• 원가법, 지분법 등 회계처리방식	(배당이 적은 자회사를 보유할 경우) • 원가법 사용
유형자산	• 감가상각기간	• 감가상각기간 축소
무형자산	• 상각기간, K-IFRS 채택 여부	• 일반회계기준 적용(매년 정액상각)

기준으로 볼 때는 자회사의 실적이 전부 반영되어 투자자산의 회계처리방법과 상관없이 동일한 실적을 보여주게 됩니다(306쪽 참조).

이에 비해 '유형자산'이나 '무형자산의 개발비 등'의 감가상각방법에 따라서는 기업 간 이익차이가 크게 나타날 가능성이 높습니다. 유형자산을 장기간에 상각하면 매해 발생하는 감가상각비(비용)가 매우 작아서 그만큼 이익이 늘어나기 때문이죠.

특히 사업 초기에 대규모 설비가 필요한 장치산업의 경우 감가상각비가 초기에 모두 상각되어서 감가상각기간이 지나면 기존 설비의 수선에 따른 CAPEX(144쪽 참조)만 감가상각비에 반영됨으로써 이익이 훨씬 크게 나타나기도 합니다.

또한 무형자산의 개발비의 경우 연구개발비 비중이 큰 IT·바이오 업종에서 어떻게 감가상각을 하느냐에 따라 실적에 상당한 영향을 미칠 수 있습니다.

그럼 실적비교 자체가 의미가 없을까요? 그렇지는 않습니다. 통상 업종 선도업체는 후발주자들에 비해 이익이 크기 때문에 비용을 적극적으로 많이 계상하는 경향이 있습니다. 따라서 후발주자 입장에서는 실적비교 대상인 선발주자가 손익계산서에 나타난 것보다 더 많은 이익을 시현했을 가능성이 높다고 판단할 필요가 있습니다. 즉, 후발기업이 손익계산서상 선도업체와 유사한 수준의 이익을 달성했더라도 내용을 잘 분석해보면 실제 이익규모가 선도업체보다 작을 가능성이 높다는 것이죠.

따라서 필자의 견해로는 후발주자 입장에서 선도업체 수준의 영업이익 달성이라는 1차적인 목표를 이루는 것은 충분히 의미 있는 결과이기는 하지만, 그렇더라도 실적차이의 원인을 구체적으로 분석해볼 가치가 있다고 생각합니다.

영문 재무제표를 읽어보자

대기업 또는 미국이나 유럽 기업과 경쟁하는 기업에서 일하다 보면 심심치 않게 영문 감사보고서를 살펴봐야 할 일이 생깁니다. 이런 영문 감사보고서에 나오는 용어들은 대부분 영문의 뜻으로 어느 정도 의미를 알 수 있긴 하지만, 그 중 몇 가지 항목은 사전에 개념을 알아두는 것이 실무에 도움이 됩니다.

:: 영문 재무제표의 주요 항목 해설

매출은 통상 'Revenue'로 표현하긴 하지만 때로는 'Turnover'로 표현하기도 합니다. 유럽의 기업들이 주로 Turnover라는 용어를 사용하죠.

또한 'Revenue'와 'Sales'라는 용어가 함께 나오는 경우가 있는데, 이 경우 Sales는 'B2B기업의 수주액'을 말합니다. 장기간의 건설공사나 용역계약 수주를 한 경우 수익·비용 대응의 원칙에 따라 수주한 해의 수익으로 인식하지는 않지만, 'Sales'를 별도로 표시함으로써 올해 판매를 위해 노력한 결과를 보여주는 경우가 있습니다. 따라서 Revenue 대비 Sales가 적을 경우 당연히 내년 이후 수익성에 적신호가 커진 상황이라고 볼 수 있습니다.

공식 재무제표가 아닌 약식 재무제표를 보면 'SG&A'라는 항목이 나옵니다. 'Sales General & Administration'의 약자로 '판매비와 관리비'를 말합니다.

'COGS'는 짐작은 되지만 처음 보면 뭘까 하는 항목 중 하나입니다. 이는 'Cost of Goods Sold'의 약자로, '매출원가'를 말합니다.

재무상태표 항목 중 '영업권'을 뜻하는 'Goodwill'도 처음 보면 다소 생소할 수 있습니다. 또 가끔 약자로 나오는 'PP&E(Property, Plant, and Equipment)'라는 항목도 미리 알아두면 좋습니다. 간단히 '유형자산'이라고 생각하면 됩니다.

:: 영문 재무제표 찾아보기

이 정도만 알아도 대부분의 영문 재무제표 해석에는 큰 문제가 없을 것입니다. 참고로 구글(Google)이나 블룸버그(Bloomberg) 등의 웹사이트에 가면 상장기업이나 일부 비상장기업의 영문 재무제표 추정치를 확인할 수 있습니다.

상장기업의 경우 해당 기업의 웹사이트에서 우리나라의 사업보고서에 해당하는 Annual Report나 Quarterly Report를 확인할 수 있습니다. 미국 기업의 경우 가끔 Annual Report 대신에 10-K Report를 공시하고 있습니다. 10-K Report는 미국 SEC(증권관리위원회)가 작성과 제출을 요구하는 보고서로, 기업의 현황을 파악하기 위한 핵심

정보가 수록되어 있습니다.(참고로 Annual Report에는 10-K Report 내용을 포함하여 많은 정보가 담겨 있으나, 이 중 투자자나 이해관계자 입장에서 보면 불필요한 내용이 많습니다.)

| 영문 재무제표 주요 항목에 대한 영문표현 |

국문	영문
유동자산	Current assets
당좌자산	Quick assets
현금 및 현금등가물	Cash and cash equivalents
매출채권	Accounts receivables
대손충당금	Allowance for bad debts
단기대여금	Short-term loans
재고자산	Inventories
유형자산	Property, Plant, and Equipment
영업권	Goodwill
매입채무	Accounts payables
유동성장기부채	Current portion of long-term debts
충당금	Liability provisions
사채	Debentures
매출액	Revenue, Sales, Turnover
매출원가	Cost of Goods Sold(COGS)

재무회계와 세무회계의 차이

세무회계는 기업회계(재무회계)와는 별도의 전문적인 영역이므로, 여기서는 간단히 차이점만 알아보겠습니다.

기업회계는 기업의 실체를 명확하게 표현하는 데 목적이 있습니다. 이에 비해 세무회계의 목적은 적정한 과세를 위해 기업의 비용지출이나 수익창출 방법에 대한 가이드라인을 정하고, 특히 정책적으로 기업활동이 바람직한 방향으로 이루어지도록 하는 데 있습니다. 이를 위해 기업에 이익이 발생했지만 과세하지 않기도 하고, 반대로 기업이 회계상 계상한 비용을 인정하지 않는 경우도 있습니다.

기업회계에서 손익계산서는 '수익−비용=순이익'으로 계상하지만, 세무회계에서는 '익금−손금=소득'으로 계산하고, 해당 소득에 세금을 물립니다. 이처럼 기업회계의 수익, 비용을 세무회계의 익금, 손금으로 전환하는 과정을 '세무조정'이라고 하는데, 세무조정 항목은 다음과 같습니다.

• 익금불산입 : 수익인데 수익으로 인정하지 않는 것
• 익금산입 : 수익이 아닌데 수익으로 인정하는 것

- 손금불산입 : 비용인데 비용으로 인정하지 않는 것
- 손금산입 : 비용이 아닌데 비용으로 인정하는 것

마치 홍길동이 아버지를 아버지라고, 형을 형이라고 부르지 못하는 상황 같아 보이는데요, 이해를 돕기 위해 각 항목의 주요 사례를 살펴보겠습니다.

:: 익금불산입

우선 '익금불산입'부터 알아볼까요? 세무당국 입장에서는 기업의 수익이 늘어나서 궁극적으로 이익이 많아질수록 세금을 더 많이 받아 좋을 듯한데, 수익을 수익으로 인정하지 않겠다니 이 무슨 해괴한 일인가 싶습니다. 이유는 수익으로 보지 않는 것이 더 합리적이라고 판단하기 때문인데, 이와 관련한 사례를 살펴보겠습니다.

대표적으로 '수입배당금의 익금불산입'이 있습니다. 모기업이 자회사에게서 배당 받은 배당금을 익금에서 제외한다는 것이죠. 자회사의 이익에 대해서는 법인세가 부과되는데, 이미 과세된 자회사 이익에 기반한 배당금에 다시 법인세를 부과한다면 이중으로 세금을 걷는 셈이 되고, 납세자들은 당연히 이것이 불합리하다고 반발할 것이기 때문입니다. 따라서 이런 경우 수입배당금을 익금에서 제외합니다.

또한 '자산의 평가이익'은 원칙적으로 익금으로 보지 않습니다. 과세는 '실현된 이익'을 대상으로 하기 때문이죠. 예를 들어 기업이 보유하고 있는 상장회사 주식에서 100억 원의 평가이익이 발생했는데, 해당 이익에 대한 법인세로 30억 원을 부과했다고 가정해보겠습니다. 그런데 다음해에는 경기가 좋지 않아 해당 상장주식에서 100억 원만큼의 평가손실이 발생하고, 해당 기업이 하는 사업에서도 10억 원의 적자가 발생해서 총 110억 원의 손실이 났다면 어떻게 될까요?

이런 경우 사업에서 적자가 발생했으므로 어차피 법인세는 내지 않습니다. 하지만 해당 기업 입장에서는 보유주식 가치는 결국 ±100억 원으로 동일한데, 전년도 기준으로 세금만 30억 원 낸 상황이 됩니다. 만약 사업에서 이익이 발생하여 상장주식 평가손실만큼 법인세가 줄어들더라도 전년도에 납부한 법인세에 대한 이자만큼은 손실이 됩니다.

이처럼 자산을 처분해서 이익이 실현되지 않은 상황에서 과세를 하면 위 사례와 같은 불합리한 상황이 발생할 수 있기 때문에 '미실현이익'에 대해서는 '익금불산입'을 하고 과세를 하지 않습니다.

:: 익금산입

'익금산입', 즉 기업에서는 수익으로 잡지 않았는데 과세당국에서는 수익으로 잡는 대표적인 경우로는 '가지급금 인정이자'가 있습니다.

기업회계에서 '가지급금'은 누군가에게 돈을 줬는데 이걸 어찌 처리할지 정하지 못해서 일시적으로 설정하는 계정입니다. 임시로 사용하는 계정이므로 기말에 재무상태표에는 가지급금으로 표시할 수 없으며, 반드시 비용 혹은 대여금 등으로 항목을 확정해서 표시해야 합니다.

세무회계에서는 가지급금을 업무와 관련 없는 특수관계인(6촌 이내 혈족 등의 친족관계, 임원·사용인 등 경제적 연관관계, 주주·출자자 등 경영지배 관계에 있는 사람)에 대한 '대여금'으로 인식합니다. 참고로 상장기업이나 외부감사를 받는 기업의 경우 이와 같은 가지급금이 기말 재무제표에 (실수가 아니라면) 나타나지 않지만, 규모가 작은 기업의 경우 증빙이 없거나 특수관계인이 업무와 무관하게 사용하여 기말에도 가지급금이 남아있는 경우가 있습니다.

이러한 가지급금에 대한 '인정이자'는 이자를 받지 않거나 실제 이자율보다 낮게 이자를 받았을 때, 실제 이자율로 이자를 받았을 때와의 차이에 해당하는 금액을 말합니다. 예를 들어 기업의 사장이 친인척에게 기업 명의로 100만 원을 1년간 빌려주고 이자를 1만 원 받았는데, 시중은행에서의 대출이자율은 5%라고 가정해보겠습니다. 이런 경우에 인정이자는 다음과 같이 계산됩니다.

인정이자 = 1년간 시중에서 빌렸을 때 이자 - 실제 친인척에게서 받은 이자
= 5만 원(100만 원 × 5%) - 1만 원 = 4만 원

이런 계산결과에 따라 세무적으로 '4만 원'의 인정이자가 '익금산입'되는 것이죠. 즉, 받아야 할 돈을 제대로 안 받았기 때문에 받은 걸로 치고 해당 금액에 대해 세금을 부과하는 것이라고 할 수 있습니다. 이를 법인세법상 '부당행위계산부인'이라고 하는데, 특수관계인과의 거래를 통해서 법인세를 부당하게 감소시키는 경우 이를 인정하지 않는

다는 의미입니다.

:: 손금불산입

'손금불산입'은 세무조정에서 가장 흔하게 나타나는 항목입니다. 기업회계상 처리한 비용을 세무회계상 비용으로 인정하지 않겠다는 것으로, 대표적인 사례로는 '업무무관경비'가 있습니다. 예를 들어 출자자인 임원 또는 친족이 사용하고 있는 사택의 유지비·사용료와 같은 비용은 기업이 특수관계인에게 혜택을 제공하면서 지출한 비용이기 때문에 손금으로 인정하지 않는다는 것이죠.

또한 과세당국이 보기에 기업의 비용이 과다하게 계상되어서 부적절하다고 판단할 경우, 이에 대해 일정 한도를 두고 그 한도를 넘는 비용은 손금으로 인정하지 않습니다. 예를 들어 접대비의 경우 과다한 사용이 바람직하지 않다고 보고 일정 한도 이상을 지출하면 손금으로 인정하지 않습니다. 또 감가상각비의 경우에도 회계상으로는 많이 계상해도 문제되지 않겠지만, 과세당국 입장에서는 이를 과도하게 계상하면 세금이 줄어들기 때문에 한도를 두고 있습니다.

:: 손금산입

마지막으로 '손금산입'이 있습니다. 얼핏 생각하면 기업에서 비용으로 계상하지 않았는데 굳이 과세당국에서 손금으로 넣어주는 것이 좀 이상할 수 있습니다. 손금산입은 '정책적인 목적'으로 적용하는 항목으로 보면 됩니다.

대표적인 사례로 기업이 국고보조금으로 고정자산을 취득했을 때 설정하는 '일시상각충당금'을 들 수 있습니다. 이런 경우 해당 기업 입장에서는 국고보조금이라는 없던 돈이 생긴 것이므로 이익이 됩니다.

그런데 다른 한편으로는 기업이 국조보조금의 지급목적에 맞게 고정자산을 취득했으므로 '정책을 충실히 따른 측면'이 있습니다. 이런 측면이 있기 때문에 해당 보조금을 이익으로 보고 세금을 부과하면 기업 입장에서는 고정자산을 사느라 현금은 줄었는데 세금까지 내야 하는 상황이 됩니다. 이러면 결과적으로 보조금 지급효과가 떨어지고 정책실효성에도 안 좋은 영향을 줄 수 있겠죠.

그렇기 때문에 기업이 국고보조금으로 고정자산을 취득하면 과세당국에서는 해당 보조금을 일시상각충당금으로 설정하여 손금산입함으로써 세금을 줄여줍니다.

:: 세무조정 후 최종 납부세액이 결정되는 과정

지금까지 설명했듯이 세무조정은 합리적 과세와 정책적 목적달성을 위해 세법에서 정하고 있으며, 기업은 여기에 따라 실행하게 됩니다.

이렇게 세무조정을 하고 나면 기부금 한도초과 등 기부금에 대한 내용을 반영하여 과세당국이 인정하는 올해의 이익에 해당하는 '각 사업연도 소득금액'이 정해집니다. 이때 만일 10년 이내에 발생한 결손금

(즉, 누적손실) 중 이전 해의 소득금액에서 차감되지 않고 남은 금액(이월결손금)이 있으면 각 사업연도 소득금액에서 차감하게 됩니다.

그리고 소득공제, 즉 소득에서 제외하는 항목의 금액을 차감하고 나면 최종적인 과세대상이 되는 '과세표준'이 결정되고, 여기에 다음 표와 같은 기준에 따른 세율(9~24%)을 곱하면 '산출세액'을 구할 수 있습니다.

과세표준	2억 원 이하	2~200억 원	200~3,000억 원	3,000억 원 초과
법인세율	9%	19%	21%	24%

*2023년 기준

참고로 위와 같이 산출세액을 구한 이후에도 다음 쪽 그림과 같은 복잡한 서식에 따른 계산과정을 거쳐 최종적인 '납부세액'이 결정됩니다.

:: 실효세율의 의미

회계부서 실무자가 아니라면 지금까지 설명한 내용 중 '각 사업연도 소득금액에서 10년 이내에 발생한 이월결손금을 차감해서 과세표준을 계산한다'라는 내용과 '과세표준에 따른 법인세율' 정도만 기억하면 될 듯합니다.

다만 여기에 하나 덧붙여 각 기업에 적용되는 실제적인 조세부담률을 의미하는 '실효세율'에 대해서는 어느 정도 감을 가질 필요가 있습니다. 기업마다 각종 공제와 감면사항이 달라서 단순히 기업의 이익에

| 세무조정 양식 : 소득금액조정합계표, 법인세 과세표준 및 세액조정계산서 |

*출처 : 법인세 신고안내, 국세청, 2021

세율을 곱한 세액과 실제 조세부담률과는 차이가 있기 때문이죠.

과거에는 기업의 투자에 대한 공제 및 감면사항 등이 많았습니다. 그러다 보니 투자를 많이 하는 과세표준 5,000억 원 초과 대기업의 실효세율이 과세표준 500억 원 초과~5,000억 원 이하인 기업보다 낮아지는 현상도 있었죠. 하지만 현재는 공제 및 감면사항 등이 줄어서 기업규모에 따른 실효세율이 증가하고 있으며, 이로 인해 과세표준별 세액과 실효세율 간의 차이도 줄어드는 경향을 보이고 있습니다. 참고로 2019년 기준 우리나라 기업의 평균 실효세율은 19.1%였습니다.

5장

왜 원가분석이
필요할까?

원가는 어떻게 알 수 있을까?

- 상품원가 : 상품매입비용＋부대비용(포장비, 창고보관비 등)
- 제품원가 : 재료비＋노무비＋경비
- 직접원가 : 특정 재화 및 용역을 취득하는 데 사용된 것이 명확한 비용
- 간접원가 : 여러 제품 또는 상품과 관련하여 공통적으로 사용된 비용으로, 합리적 기준에 의한 배부가 필요

'상품'의 원가는 상품매입비용과 매입한 상품을 팔기 위해 포장하고, 창고에 보관하고, 운송하는 등의 추가적인 부대비용을 합해 계산하면 되므로, 제품원가에 비해 계산하기가 상대적으로 간단합니다.

반면에 '제품'의 경우 원료부터 시작해 완성품을 만들어내는 데까지 재료, 인력(사람), 공장설비 등 다양한 자원이 사용되기 때문에 원가를

계산하기가 매우 복잡합니다. 그래서 통상 원가회계에서는 제조원가를 산출하는 여러 가지 방법을 다루고 있습니다. 대체로 제품을 만드는 데 들어가는 원가는 크게 다음과 같이 분류합니다.

- 재료비 : 제품의 제조를 위해 소비되는 재료의 가치
- 노무비 : 제품제조에 참여하는 인력의 인건비
- 경비 : 공장을 운영하는 데 들어가는 비용(대표적으로 감가상각비, 그 외 전기료 등)

이와 같은 제조원가 중에는 '재료비'처럼 어떤 제품을 만드는 데 쓰였는지 비교적 명확하게(예외 : 윤활유와 같이 사용량을 측정하지 않는 소모품 등) 판단할 수 있는 항목도 있지만, '전기료'처럼 여러 제품 중 어느 제품을 만드는 데 쓰였는지 확인하기 어려운 항목도 많습니다. 예를 들어 냉장고, 세탁기, 에어컨 3가지 제품을 만드는 공장에서 사용한 전기료는 어떻게 배부하는 것이 가장 바람직한 방법인지 정하기가 쉽지 않습니다.

이때 어디에 사용되었는지가 명확한 원가를 '직접원가', 전기료처럼 사용처가 불명확하고 각 제품별 배부가 필요한 원가를 '간접원가'라고 합니다. 그리고 후자인 '간접원가'를 배부하는 가장 바람직한 방법을 찾아내는 것이 원가회계의 주제이자, 제조업체 관리자들이 해야 할 일이라고 보면 됩니다.

:: 제조과정과 원가와의 상관관계

원가분석에 앞서 제품의 제조과정과 원가와의 상관관계를 알아보겠습니다.

다음 그림과 같이 제품을 만들 때는 맨 먼저 '원재료'를 준비합니다. 원재료는 광물일 수도, 원면과 같은 농산물이나 기계 등의 부품일 수도 있습니다.

이 원재료에 뭔가 가공을 했지만 제품으로 완성되지 못한 상태가 '재공품'입니다. 원재료를 노동력과 기계설비를 사용하여 가공하면 재공품이 됩니다. 원재료가 제품이 되는 중간과정, 즉 재공품 단계에서 제조활동이 이루어지고 재료비, 노무비, 경비 등 원가의 기본요소가 투입된다고 할 수 있습니다.

재공품 단계를 거쳐 완성된 '제품'은 창고에 보관하다가 판매를 위해 수출하거나 도매상이나 때로는 최종소비자 등에 보내게 되는데, 이를 '출하'라고 합니다.

| 원재료부터 제품까지의 흐름 |

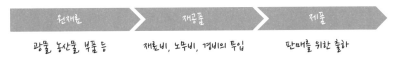

이런 식으로 '원재료 → 재공품 → 제품'의 흐름이 나타나고 원재료, 재공품, 제품 각각의 항목별로 다음 쪽 그림과 같은 흐름이 성립하게

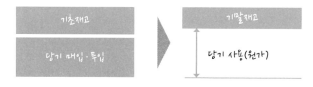

됩니다.

위와 같이 기초에 보유한 원재료나 재공품 또는 제품의 재고액(기초재고)에 당기에 매입 또는 투입한 금액이 더해진 것이 당기에 사용할 수 있는 전체 재고금액이 됩니다. 여기에서 기말에 남는 재고금액(기말재고)을 제외한 것이 당기에 사용한 금액(원가)이 됩니다.

다음 그림은 '원재료 → 재공품 → 제품'으로 이어지는 제품제조 단계에서 '원가'가 발생하는 구조를 나타낸 것입니다.

먼저 원재료의 당기 사용금액은 '재료비'라는 명목으로 제조활동에 사용되며, 당기에 사용한 전체 제조비용(당기총제조비용)의 일부가 됩니

| 제품제조 단계에서의 원가의 흐름 |

다. 기초재공품재고에 이 당기총제조비용을 합하면 당기재공품금액의 총합이 됩니다. 여기서 기말재공품을 빼면 당기에 사용한 재공품이 됩니다.

그런데 이 재공품을 사용한 결과물은 뭐가 될까요? 바로 '제품'이 됩니다. 이처럼 당기에 재공품을 사용하여 제품으로 전환된 금액이 바로 '당기제품제조원가'가 됩니다. 제조업체에서 '제품의 단위당 원가가 얼마냐?'라고 물어보는 경우에는 통상 '당기제품제조원가를 완제품 수로 나눈 금액'을 의미합니다.

동일한 방식으로 기초제품재고에서 당기제품제조원가를 더하고 기말제품재고를 빼면 당기에 사용한 제품, 즉 판매를 위해 출하된 제품의 원가가 되며, 이것이 '당기제품매출원가'가 됩니다.

위와 같이 원재료에서 제품으로 이어지는 제조과정 각 단계별로 기말재고가 발생하기 때문에, 기업의 재고금액이 많다고 해서 모두 팔지 못한 제품이 쌓인 결과라고 볼 수 없습니다. 가격상승에 대비해 원재료를 잔뜩 사놓았거나, 호황기를 대비해 재공품을 쌓아놓아서 재고금액이 늘어났을 수도 있기 때문이죠.

위에서 설명한 것처럼 원재료에서 시작해 당기제품매출원가와 기말제품재고에 이르는 전체 흐름을 이해하고 관리하는 것이 원가관리의 출발점이라고 할 수 있습니다.

:: 제조원가명세서의 기본구조

기업의 재료비, 노무비 등 제조원가에 관한 항목을 자세히 살펴보려면 '제조원가명세서'를 참조해야 합니다. 그런데 과거에는 제조원가명

| 제조원가명세서 예시 |

제 조 원 가 명 세 서
제 35 기 (2003. 1. 1 부터 2003.12.31까지)
제 34 기 (2002. 1. 1 부터 2002.12.31까지)
제 33 기 (2001. 1. 1 부터 2001.12.31까지)

(단위 : 백만원)

과 목	제 35 기	제 34 기	제 33 기
Ⅰ. 재료비	20,113,857	18,575,310	16,223,475
1.기초재료재고액	702,474	567,612	855,554
2.당기재료재고액	20,215,410	18,710,171	15,935,534
3.기말재료재고액	804,027	702,474	567,612
Ⅱ. 노무비	1,322,004	1,362,580	989,252
1.급 여	684,533	594,013	566,702
2.상 여	522,726	651,344	319,889
3.퇴직급여	114,744	117,223	102,661
Ⅲ. 경 비	8,646,238	7,194,443	6,355,948
1.지급수수료	322,531	269,085	210,601
2.감가상각비	3,302,915	2,723,361	2,664,029
3.광고선전비	198	170	464
4.판매촉진비	911	1,019	1,491
5.운반비	15,344	14,405	14,591
6.애프터서비스비	26,340	28,616	28,366
7.기업홍보비	9,317	11,930	5,774
8.경상연구개발비	1,512,135	1,182,471	26,534
9..주식보상비용	18,013	71,360	84,535
10.기 타	3,438,535	2,892,028	3,319,561
Ⅳ. 당기총제조비용	30,082,099	27,132,333	23,568,675
Ⅴ. 기초재공품원가	835,085	2,400,339	1,976,980
Ⅵ. 합 계	30,917,184	29,532,672	25,545,656
Ⅶ. 기말재공품원가	1,067,893	851,078	789,815
Ⅷ. 타계정대체액	895,924	2,538,014	1,451,418
Ⅸ. 당기제품제조원가	28,953,367	26,143,580	23,304,422

*출처 : 삼성전자 사업보고서, 2004.

세서가 감사보고서와 함께 공시해야 하는 부속명세서에 포함되어 있었으나, 현재는 공시의무가 없기 때문에 감사보고서를 보더라도 제조원가명세서는 확인할 수 없습니다. 다만 법인세를 신고할 때 작성해야 하는 세무서식에는 포함되어 있습니다.

이런 이유로 타기업의 제조원가명세서는 볼 수 없지만, 기업 내부에서 작성하는 제조원가명세서를 검토하고 분석해볼 수는 있습니다. 참고로 뒤에서 설명할(314쪽 참조) 한국은행의 〈기업경영분석〉이라는 자료를 보면 유사기업의 주요 제조원가명세서 항목 간 비율을 알 수 있는데, 이를 통해 타기업과의 간접적인 비교는 해볼 수 있습니다.

앞의 사례와 같이 제조원가명세서에는 원재료 사용액(기초재료재고+당기재료매입액−기말재료재고)이 '재료비'로 계상되고, 여기에 당기에 투입된 노무비와 경비를 더하면 '당기총제조비용'이 됩니다. 당기총제조비용에 기초재공품원가를 더하고 기말재공품원가를 차감하여 당기제품 제조원가를 산출하는 것으로 제조원가명세서는 마무리됩니다.

SCM(Supply Chain Management, 공급망관리)

원재료에서 판매재고까지 이어지는 재고와 생산 프로세스를 효과적으로 관리하려면 어떻게 해야 할까요? 가장 좋은 방법은 최종판매처의 판매정보를 바로바로 제품을 제조하는 쪽에 전달하는 것입니다. 제조하는 입장에서 최종판매처에서 제품이 얼마나 어떤 흐름으로 팔리는지를 알게 되면 제품을 얼마나 만들어야 하는지 알게 되고, 거기에 따라 필요한 만큼의 원재료를 적시에 구매할 수 있기 때문이죠.

그런데 이것이 말처럼 쉽지 않습니다. 최종고객에게 제품을 판매하는 소매점 입장에서는 제조업체와의 마진협상에서 우위를 점하기 위해서나, 물건이 안 팔릴 때 할인 등의 협상을 하기 위해서라도 판매정보를 속속들이 제공하고 싶어하지 않습니다. 그러다 보니 각종 제품을 만드는 기업에게는 어떻게 하면 수요에 대응해 제품을 만들고 재고를 효과적으로 관리할 수 있을지가 큰 숙제가 됩니다.

기업에서는 경기가 좋아져 최종고객에게 확실히 팔릴 것이라고 보거나 원재료 가격이 분명히 올라간다고 예상하지 않는 한, 판매에 대한 불확실성이 있는 상황에서는 재고를 가능한 한 최소화하려고 합니다. 특히 완제품 제조업체에게 부품을 공급하는 기업이라면 이런 상황이 더 심각하게 고민될 수밖에 없습니다.

만일 완제품 제조업체나 부품공급업체 입장에서 최종고객에 대한 판매정보를 알고 있거나 최대한 비슷하게 추측할 수 있고, 제품에 대한 전반적인 물류흐름을 종합적으로 관리할 수 있다면 제품이나 부품의 생산량 결정과 재고관리를 훨씬 효율적으로 운용할 수 있을 것입니다.

이와 같이 판매와 제조를 연결하고, 원재료에서 최종 판매재고까지의 전체 흐름을 관리하는 것을 'SCM(Supply Chain Management, 공급망관리)'이라고 합니다.

:: SCM이 기업의 핵심 경쟁력이 되는 이유

그럼 SCM에서는 무엇이 가장 중요할까요? 필자가 컨설턴트로 일할 때 SCM 전문가들에게서 듣기로는 '수요예측정확도를 높이는 것'이 핵심이라고 하는 경우가 많았습니다. 예측한 수요의 정확도가 높다면 당연히 제조한 제품이 재고의 과잉이나 부족 없이 현장까지 원활하게 전달될 테니까요. 실제로 제조현장에서도 수요예측정확도를 주요 지표로 관리하면서 이를 높이기 위한 노력을 하고 있습니다.

그런데 초기 SCM 솔루션에는 수요예측정확도를 강화시켜줄 만한 도구(Tool)가 별로 없었습니다. 실무자 입장에서 볼 때는 솔루션 사업자들이 복잡한 솔루션을 팔면서 정작 가장 중요한 수요예측정확도는 알아서 하라는 식으로 대응한다는 느낌도 많이 받았습니다. 최근에는 SCM 솔루션도 진화하고 빅데이터분석이나 AI의 활용도 늘어나면서 예측치에 대한 가이드라인도 제공하고, 여러 가지 정확도를 높이기 위한 분석기법도 제공하고 있긴 합니다. 하지만 그럼에도 불구하고 수요예측정확도가 50%를 넘어가는 경우는 많지 않습니다.

얼핏 생각하면 이렇게 맞지도 않는 수요예측을 왜 하는지, 또 이렇게 정확도가 떨어지는 수요예측을 기반으로 한 SCM이 기업에 무슨 도움이 될까 하는 의문도 들 것입니다. 그렇지만 SCM은 기업에 큰 도움이 되고, 특히 글로벌사업을 펼치는 제조기업으로 성장하는 데 있어 핵심적인 경쟁력이 됩니다. 그 이유는 무엇일까요?

첫째, 물류흐름의 가시성(Visibility)을 높여주기 때문입니다. SCM을 통해 최종적으로 판매되는 제품물량까지는 아니더라도, 판매처에 공급하는 제품물량부터 원재료수급까지의 정보만 축적되어도 제조현장에서 생산수량을 결정하기가 훨씬 수월해집니다.

둘째, 커뮤니케이션효과를 높여주기 때문입니다. 기업에서는 주로 '영업사원'이 수요예측을 담당합니다. 이때 수요예측 작업을 영업사원이 단독으로 수행하기도 하지만, 여러 이해관계자와의 소통을 통해 이루어지기도 합니다. 즉, 판매처와 의견을 교환하기도 하고, 본사 마케팅전략 실무자나 판촉 프로그램을 총괄하는 실무자와의 커뮤니케이션을 통해 수요예측치를 결정합니다.

그리고 SCM에 이와 같은 수요예측치가 입력되면 제조현장에서는 수요를 맞추기 쉬운 제품과 어려운 제품을 선별하고, 수요변동이 큰 제품의 경우 원인이 무엇인지와, 갑자기 늘어난 수요에 대응하지 못할 경우 영향이 얼마나 심각할지에 대해 영업부서에 의견을 묻게 됩니다.

이러한 과정을 통해 결과적으로 수요예측정확도를 높일 수 있을 뿐만 아니라, 수요예측이 맞지 않았을 경우에도 이슈를 최소화할 수 있는 방향으로 전반적인 공급망의 물량관리가 이루어지게 됩니다.

결론적으로 SCM 역량을 키울 수 있는 관건은 SCM 솔루션이 얼마나 좋은가 보다는 그것을 쓰는 사람이 얼마나 적극적으로 활용하고, 이를 기반으로 커뮤니케이션하고 협력하는지에 달려 있다고 할 수 있습니다.

02

원가의 구분 :

원가를 구분하기 애매하면 어떻게 해야 할까?

다음 표와 같이 '제조원가명세서'에서 '재료비, 노무비, 경비'로 부르던 항목을 '원가회계'에서는 '직접재료비, 직접노무비, 제조간접비'라고 부릅니다. 원가의 내용이 바뀌지는 않을 텐데 왜 다르게 부를까요?

제조원가명세서는 '최종적으로 정리된' 재료비, 노무비, 경비내역을 보고용으로 작성한 보고서입니다. 원가계산을 할 때 이 재료비, 노무비, 경비가 특정 제품을 만드는 데 들어갔다는 사실이 명확할 경우에

| 제조원가명세서와 원가회계상의 항목차이 |

제조원가명세서	원가회계
재료비	직접재료비
노무비	직접노무비
경비	제조간접비

는 아무런 문제가 없습니다. 그렇지만 일반적으로 기업에서는 같은 제품이라도 다양한 모델로 구분해서 생산하는 경우가 많기 때문에, 어떤 모델을 생산하는 데 들어갔는지 명확하지 않은 비용(공통비 혹은 간접비용)이 있습니다. 이런 비용을 모델별로 배부해야 총원가가 얼마이고, 결과적으로 각각의 모델을 팔아서 이익을 냈는지 아닌지를 확인할 수 있습니다.

: : 원가배부가 중요한 이유

재료비나 노무비의 경우 특정 제품에 사용되었음을 비교적 명확히 구분할 수 있습니다. 예를 들어 식빵과 바게트를 만드는 제과점이 있다고 가정해보겠습니다. 이때 식빵과 바게트에 들어가는 밀가루 등 주요 재료가 다르고, 식빵과 바게트를 만드는 제빵사가 각각 다를 수 있습니다. 또 같은 제빵사가 만들더라도 오전에는 식빵을, 오후에는 바게트를 만들 수도 있죠. 하지만 어떤 경우이든 식빵과 바게트에 들어간 재료비와 노무비는 명확히 구분할 수 있습니다.

반면에 전기료, 임대료 등의 기타 경비는 비용투입 대상을 구분하기가 쉽지 않습니다. 또 계란이나 설탕처럼 식빵과 바게트에 동일하게 들어가는 재료에 대한 비용도 명확하게 구분하기 힘듭니다.

위와 같은 상황에서 특정 제품에 투입된 것이 명확한 재료비와 노무비를 '직접재료비', '직접노무비'라고 하고, 기타 비용은 '제조간접비'라고 합니다. 이때 제조간접비를 각 제품에 분배해줘야만 제품원가를 산출할 수 있습니다. 이처럼 명확히 구분되지 않는 제조간접비를 합리적인 기준을 가지고 배부하는 것이 '원가배부'입니다. 원가회계에서는 바로 이 원가배부를 어떻게 하는 것이 가장 합리적인지에 대한 내용을 가장 많이 다루고 있습니다.

필자가 이 책에서 원가배부의 기준을 굳이 설명하려는 이유는 배부 기준을 잘못 설정하면 원가계산에 오류가 생기고, 결국 잘못된 의사결정을 할 수 있기 때문입니다. 사실 원가회계에서 설명하는 원가배부 기준은 완성된 것이 아니라 여전히 방법을 찾고 있는 상황이라고 할 수 있습니다. 원가를 제품별·사업별로 완벽한 기준을 세워서 배부하기가 쉽지 않기 때문이죠. 이런 이유로 여전히 새로운 원가배부 방법들이 소개되고 있습니다.

예를 들어 본사에서 총무를 담당하는 직원이 10개 사업부의 시설물을 관리한다고 가정해보겠습니다. 이런 경우 해당 직원의 인건비는 어떻게 배부하면 될까요? 가장 좋은 방법은 매시간 이 직원이 어떤 사업부를 위해 일하고 있는지를 기록하고, 각 사업부별로 일한 시간을 기준으로 인건비를 나누는 것입니다. 이렇게 하면 아무도 부당하다고 토를 달지 않겠죠.

그렇지만 현실적으로 이를 매시간 일일이 확인하기는 불가능합니다. 예를 들면 해당 직원이 A사업부 공장에서 B사업부 공장으로 이동한 시간에 대한 인건비는 어떻게 처리해야 할까요? 해당 시간에 대한 인건비를 A사업부와 B사업부로 반반씩 나누면 될까요?

:: 원가배부의 2가지 기준

이처럼 원가배부에는 현실적 한계가 있기 때문에 정확성을 기하기 위해 과도한 노력을 기울이는 것도 바람직하지 않습니다. 기업상황에 맞게 적절한 수준으로 관리하는 방법이 가장 모범답안에 가깝다고 할 수 있겠죠. 이와 관련해 대표적인 원가배부 기준 2가지를 살펴보겠습니다.

첫째, 원가를 배부하는 가장 합리적인 기준은 '인과관계'입니다. 예를 들어 각기 원재료는 다르지만 여러 제품이 같은 공정을 거쳐서 생산되고, 공정별 산출물량이 투입량에 따라 변동할 경우 원가를 어떻게 배부하면 될까요? 이런 경우 '원재료 투입량'을 기준으로 가공비를 각 제품원가에 배부하는 방법이 가장 합리적일 것입니다. 이와 같이 '인과관계'를 기준으로 한 대표적인 원가배부 방법이 'ABC(Activity Based Costing, 활동기준원가)회계'입니다(182쪽 참조).

여기서 '활동(Activity)'은 제조 혹은 판매를 위해 반복적으로 이루어지는 활동을 의미합니다. 예를 들어 제조를 위해서 원재료를 공장까지 운반하고, 전 처리를 하고, 제조 이후에 포장을 하는 활동 등이 원가계산을 위한 '활동'으로 분류될 수 있습니다.

이런 식으로 원가배부를 하려면 활동별 원가를 구분할 수 있고, 해당 원가가 어느 제품에 어느 정도 사용되었는지를 측정할 수 있어야 합니다. 따라서 ABC회계를 적용할 수 없는 상황도 많이 발생할 수 있습니다. 최근에는 ERP(Enterprise Resource Planning, 전사적 자원관리)라는 관리시스템을 사용하는 기업이 많아서 이와 같은 활동기준의 근거가 되는 데이터를 활용할 가능성이 높아졌지만, ABC회계는 여전히 가장 합리적임에도 불구하고 적용에는 제약이 있는 방법입니다.

둘째, 원가배부에 '수혜기준'을 사용하는 방법이 있습니다. 즉, 각 제품에 투입한 원가의 비중이 아니라 원가투입을 통해서 '얼마만큼의 효과'를 보았는지를 기준으로 원가를 배부하는 방법입니다. 예를 들어 3가지 종류의 상품을 광고했는데 1가지 제품만 판매가 늘었다고 해보 겠습니다. 이런 경우에 판매가 늘어난 제품에만 광고비를 배부했다면 '수혜기준의 원가배부 방식'을 사용한 것이라 보면 됩니다.

셋째, 원가배부에 '부담능력 기준'을 사용하는 방법이 있습니다. 예를 들어 3개 사업부로 이루어진 기업에서 3개 사업부를 모두 하나의 인사팀에서 관리한다면 인사팀 임직원의 인건비는 어떤 기준으로 배부해야 할까요? 이런 경우 통상 매출이나 이익, 즉 각 사업부의 '부담능력'을 기준으로 배부한다고 할 수 있습니다.

이에 대해 인사팀의 업무부담이 사업부의 인력 수와 관련성이 높기 때문에 사업부별 인력 수에 따라 인사팀의 인건비를 배부하는 방식이 더 합리적이라고 볼 수도 있습니다. 하지만 통상 기업에서는 공통비 배부가 수익성에 영향을 미치지 않기를 바라기 때문에 부담능력인 매출 혹은 이익 중 하나를 기준으로 각 사업부에 배부하게 됩니다.

원가배부 방식은 기업의 전략적인 사업방향이나 사업운영의 지향점과도 연관되어 있기 때문에, 때로는 가장 합리적인 방식보다는 해당 기업의 사업운영 방식에 맞게 정하는 것이 오히려 타당한 경우도 있습니다.

예를 들어 기업이 각 사업부에서 R&D비용을 아끼지 않고 보다 적극적으로 연구개발을 하게 하려면 어떤 배부기준을 사용해야 할까요? 이런 경우 R&D부서를 공통부서로 해서 사업부별 사용예산이나 투입 연구원 수를 따지지 않고 R&D비용을 매출의 일정 비율에 따라 각 사업부에 배부하면 됩니다. 이렇게 배부하면 각 사업부에서는 어차피 매출의 일정 비율만큼만 R&D비용을 분담하기 때문에 정해진 예산 안에서 조금이라도 더 많은 연구개발비를 지출하고자 할 것입니다.

실제로 여러 사업부를 운영하는 기업의 경우 비용의 배부기준이 이슈가 되는 경우도 있고, 위 사례처럼 비용배부 기준을 바꿈으로써 사업운영 방식의 변화를 만들어내기도 합니다.

ABC회계

ABC(Activity Based Costing)회계는 제조와 관련한 활동을 구분하고, 활동별 특성에 맞는 배부기준(원가동인)을 선정해서, 이를 기준으로 활동별 원가를 배부하는 방법입니다. 이때 배부기준은 공장 내 각 활동별 원가를 측정한 후 투입요소(기계 가동시간, 인력 투입시간 등) 중 원가발생과 가장 연관성이 높은 요소로 정합니다.

다음 쪽 표를 기준으로 보면, 재료준비 활동에서는 배부기준(원가동인의 수)을 각 제품별 '준비시간'으로 하는 것이, 부품제조 활동에서는 사용한 '전력량'을 기준으로 하는 것이 가장 원가발생과 연관성이 높다고 봤습니다. 후자의 경우 기계의 사용시간, 속도, 마력 등에 의해 전력량이 결정되고, 그에 따라 부담하는 전기료를 핵심 지출비용으로 봤기 때문에 '전력량'을 배부기준으로 정했다고 추측해볼 수 있습니다.

표와 같이 각 활동별 배부기준에 따라 사용한 총량을 먼저 확인하고, 각 제품별 투입량을 결정하면 각 제품별 원가를 활동별로 배부할 수 있습니다. 그리고 이렇게 활동별로 배부된 원가를 합하면 제품의 원가를 정할 수 있는 것이죠.

활동	활동별 원가	원가동인의 수	배부율	A제품 투입활동	A제품 원가
재료준비	10,000원	100시간	100원/시간	30시간	100원×30
전 처리	30,000원	1,000개 부품	30원/부품	250개 부품	30원×250
부품제조	200,000원	500kwh	400원/kwh	150kwh	400원×150
부품조립	100,000원	500개	200원/제품	200개	200원×200
포장	30,000원	100상자	300원/상자	20상자	300원×20
총액	370,000원				116,500원

ABC회계는 매우 합리적이고 정확한 원가배부 방법이라고 할 수 있지만 몇 가지 장애요인이 있습니다. 가장 큰 장애요인은 각 활동별 원가를 측정할 수 있고, 전력량과 같은 배부기준의 제품별 사용량을 파악할 수 있어야 한다는 것입니다. 그리고 이것을 일일이 측정하고 계산하는 데 손이 많이 간다는 것이 또 하나의 장애요인이 됩니다.

이런 이유로 기업들이 ERP(Enterprise Resource Planning, 전사적 자원관리)와 같은 솔루션을 도입하게 됩니다. 이러한 솔루션을 도입하면 활동별 원가 등을 일일이 측정하고 관리하지 않아도 자원사용 내역이 기록·집계되기 때문에 원가계산이 훨씬 쉬워집니다. 따라서 이러한 시스템을 구축하고 운영하는 것이 원가관리 수준에 차이를 만들고, 이것이 궁극적으로 원가경쟁력에 영향을 끼치게 됩니다.

03

차이분석 :

사업에서 예상보다 돈을 못 번 이유가 뭘까?

경영학 전공자들이 관리회계를 배울 때 가장 핵심적인 내용 중 하나가 '차이분석'입니다. 차이분석은 실제 실적이 당초 계획 혹은 전년 실적과 차이가 날 때, 그 차이가 어디에서 났는지 정의하고 원인을 찾아내는 분석방법입니다. 그렇다면 기업 입장에서 매우 유용하고 중요한 분석일 것 같은데 막상 현장에서 활용하는 경우는 많지 않습니다. 실제로 필자가 몇 개 대기업에서 일하면서도 차이분석을 사용하여 실적을 분석한 보고서를 본 기억이 거의 없습니다. 왜 그럴까요?

:: 실무적으로 차이분석이 어려운 이유

일단 시간이 없습니다. 수시로 나오는 매출수치를 보고 늘었는지 줄었는지 살펴보고 원인을 찾기에도 시간이 빠듯합니다.

또 시장규모나 점유율의 경우 수치 자체의 신뢰도가 떨어진다는 문제가 있습니다. 예를 들어 매출이 줄어든 원인이 시장규모 탓인지 점유율 탓인지 분명하게 정의할 정도로 시장규모나 점유율이 명확하게 드러나는 시장이 거의 없습니다.

실제로 시장규모나 점유율은 정부 차원에서 가입자 수를 명확히 집계하는 통신시장 외에는 대체로 시장조사기관의 표본조사에 의해 결정되기 때문에 결과에 대한 신뢰도가 그다지 높지 않습니다. 글로벌 시장에서 제품이 판매되고 대형 시장조사기관이 시장규모와 점유율을 평가하는 스마트폰시장의 경우에도 조사기관별로 각 업체의 시장지위 (예 : 시장점유율 순위)는 유사하게 나타나지만, 시장규모나 점유율에서는 상당히 차이가 나는 경우가 있습니다.

이처럼 특정 조사결과를 선택하기도 애매하고 조사기관별 신뢰도도 명확하지 않은 상황에서 각 조사기관이 발표한 수치의 평균치를 사용한다면 오히려 불확실성이 더 높은 수치를 만들어낼 수도 있기 때문에 시장규모나 점유율 수치를 정확히 산정하기가 쉽지 않습니다.

그렇다고 전년 혹은 전분기보다 매출이 늘었는지만 살펴봐서는 제대로 된 원인분석을 하기 어렵습니다. 따라서 기업실적의 개선을 위해서는 차이분석의 원리를 이해하고 기업상황에 맞는 차이분석을 수행하는 방식이 도움이 될 것입니다.

:: 차이분석이 필요한 이유

먼저 차이분석이 왜 필요한지 알 수 있는 사례를 하나 들어보겠습니다. 몇 년 전 필자는 어느 영업실무자로부터 매출 급성장으로 실적이 좋아졌다고 경영진에게 보고해서 칭찬을 들었다는 이야기를 들었습니다. 그런데 그 실무자는 나중에 거래선을 통해 경쟁사도 사상 최대실적을 올렸다는 사실을 알게 되었습니다. 그는 실적이 좋아졌음에도 불구하고 왜 그런 상황이 생겼는지, 경쟁사는 우리 기업에 비해 얼마나 실적이 올랐는지 알 수 없어 마냥 좋아할 수만은 없었다고 합니다.

위와 같은 상황은 겨울이 유난히 추워 코트가 잘 팔린다거나, 특정 식품이 항암효과가 있다는 언론보도가 나와서 관련 시장규모 전체가 커짐으로써 특정 기업뿐만 아니라 모든 관련업체의 실적이 좋아지는 경우 충분히 생길 수 있습니다.

위와 같은 상황이 생기면 관련 기업의 경영자는 영업부서가 영업을 잘해서가 아니라 전적으로 시장상황 때문에 실적이 좋아졌다고 생각할 수 있습니다. 반면에 영업부서에서는 실적이 좋아졌는데 칭찬도 안 해준다고 볼멘소리를 할 수 있습니다. 이럴 때 경영자 입장에서는 영업부서의 기여도를 따져보고 싶은 것이 인지상정일 텐데요, 바로 이런 경우에 차이분석이 필요한 것입니다.

:: 제조 측면에서의 차이분석

차이분석은 크게 '제조 측면의 생산성'과 '판매성과'를 측정의 주요 대상으로 해서, 성과를 평가하고 성과에 대한 원인을 분석하는 작업을 말합니다.

먼저 제조 측면에서는 '가격차이'와 '능률차이'에 대해 알아보겠습니다. 원가차이가 발생한 원인이 '투입한 원재료나 인건비 변동'에 의해서인지(가격차이) 아니면 '생산성'에 의해서인지(능률차이)를 파악하는 과정이라고 할 수 있습니다. 이 분석에 있어서 가격은 '단위당 원가(원재료 가격, 시간당 인건비 등)', 능률은 '단위당 투입량(제품당 투입원재료 수량 등)'을 말합니다. 가격차이와 능률차이의 산식은 다음과 같습니다.

- 가격차이 : (실제 가격−예산가격*)×실제 수량
- 능률차이 : 예산가격×(실제 수량−예산수량)
  *예산가격 : 제조계획을 세울 때 예산으로 책정한 가격수준

가격차이와 능률차이는 모두 '차이가 나는 전체 금액'으로 나타내기 때문에, 공통적으로 위의 산식처럼 가격에 수량을 곱한 전체 금액으로 계산합니다. 식을 보면 '실제 수량'을 기준으로 가격차이를 먼저 계산한 후, '예산가격'을 기준으로 능률차이를 계산하는 방식을 사용한다는 사실을 알 수 있습니다. 이를 도식으로 나타내면 다음과 같습니다.

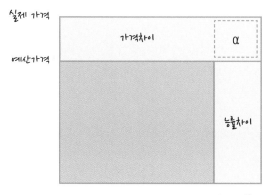

위의 그림에서 'α'에 해당하는 부분은, 합리적으로 판단했을 때 '가격과 능률이 모두 영향을 받는 영역'이라고 할 수 있습니다. 왜냐하면 예산가격과 예산수량을 기준(위 그림의 회색 상자)으로 할 때 실제 가격이 예산가격과 차이가 나는 부분(예산수량은 동일)이 '가격차이'라고 할 수 있고, 실제 수량이 예산수량과 차이 나는 부분(예산가격은 동일)이 '능률차이'라고 할 수 있으므로, 'α'에 해당하는 부분은 '(실제 가격－예산가격)×(실제 수량－예산수량)'으로 가격과 수량이 모두 예산과 다를 경우에 해당하는 공통영역이 되기 때문입니다.

그런데 앞쪽의 산식으로 보면 가격차이는 실제 가격과 예산가격의 차이에 실제 수량을 곱한 값입니다. 따라서 α가 공통영역이 아닌 '가격차이'에 포함된다는 사실을 알 수 있습니다.

그러면 왜 α 영역이 가격차이에 포함될까요? 회계학 교과서에서도 명확한 이유를 찾지는 못했지만, 필자의 생각으로는 내부적으로 통제가 불가능한 차이 전체를 가격차이에 포함시키기 위해서라고 보입니다. (예를 들어 원재료 구매가격의 변동은 시장의 수급에 의해 결정되기 때문에 기업 입장에서 통제할 수 없습니다.)

이처럼 실제 가격과 예산가격과의 차이로 인해 발생하는 영향 전체를 가격차이(그림에서 *a*를 포함한 가격차이 부분)라고 보고, 예산가격을 중심으로 실제 수량과 예산수량과의 차이를 비교한다면 이것은 온전히 '생산성차이'로 인해 발생한 차이(능률차이)라고 볼 수 있게 됩니다.

이런 의미에서 가격차이, 능률차이의 실질적인 내용을 보면 전자는 '통제 불가능한 외생요인에 따른 차이'로, 후자는 '내부적으로 관리하여 개선할 수 있는 내부적인 요인에 의한 차이'로 분리했다고 볼 수 있습니다.

앞서 언급했듯이 실제 생산현장에서는 제조 측면에서의 차이분석을 잘 사용하지 않습니다. 대부분의 공장에서 각 원가요소별로 생산성에 대한 상세한 지표를 가지고 관리하기 때문에 굳이 위와 같이 가격의 영향을 분리해서 관리할 필요를 못 느끼기 때문이죠.

그렇지만 경영관리 차원의 '명확한 보상 측면'에서는 차이분석을 사용하는 것이 좋습니다. 예를 들어 원가가 상승했을 때 그 요인이 원자재 등 재료비 때문인지 아니면 생산성 악화 때문인지를 분리해서 재료비 때문에 원가가 올라갔지만, 생산성 향상을 위한 구성원의 노력은 별도로 평가하고 보상할 필요가 있기 때문이죠.

위에서 얘기했듯이 현장에서 차이분석을 잘 사용하지 않는 이유가 이러한 보상이 따르지 않기 때문이 아닐까 생각됩니다. 실제로 많은 기업에서 실적보상에 대해 여전히 결과가 좋으면 다 좋고 결과가 나쁘면 노력은 무의미하다고 보는 경향이 강한 것으로 보입니다.

:: 판매 측면에서의 차이분석

판매 측면에서는 다음 그림과 같은 방식의 차이분석을 해볼 수 있습니다. 여기서 '해볼 수 있다'라고 표현한 이유는 이 역시 '실제로는 안 하는 경우가 대부분'이기 때문입니다.

판매 측면에서도 가격차이(매출 가격차이)는 제조와 마찬가지로 '실제 수량'을 기준으로 실제 판가(판매가격)와 예상판가와의 차이를 반영하여 계산합니다. 다만 제조 측면에서 능률차이라고 부르던 것을 판매 측면에서는 '조업도차이'라고 부른다는 차이가 있습니다. 매출 조업도차이는 다시 '시장점유율차이'와 '시장규모차이'로 구분합니다.

| 판매 측면에서의 차이분석 |

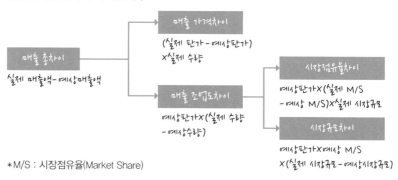

*M/S : 시장점유율(Market Share)

'시장점유율차이'는 '실제 시장규모'를 기준으로 '실제 시장점유율(M/S, Market Share)과 예상 시장점유율과의 차이'의 영향을 계산하여 산출합니다. 그리고 '시장규모차이'는 '예상 시장점유율'을 기준으로 '실제 시장규모와 예상 시장규모와의 차이'의 영향을 계산하여 산출합니다.

이때 영업부서 혹은 영업담당자의 성과를 나타내는 기준은 무엇일까요? 바로 '시장점유율차이'입니다. 시장규모가 커져서 매출이 늘어난 원인은 본인의 노력보다는 대외환경의 영향일 가능성이 큽니다. 따라서 시장규모의 변화가 반영된 '실제 시장규모'에서 '목표보다 얼마만큼 시장점유율을 올렸느냐'로 평가해야 제대로 된 영업성과라고 인정할 수 있는 것이죠.

필자는 기업의 성과관리와 안정적인 사업운영을 위해서는 체계적인 차이분석을 통한 성과평가와 경영계획 수립이 중요하다고 강조하고 싶습니다.

예를 들어 만약 전년도에 호황으로 모든 기업의 실적이 좋아졌더라도 우리 기업의 성장률이 상대적으로 낮다면 이는 곧 시장점유율 하락을 의미합니다. 이런 경우 성장했다고 만세를 부를 게 아니라 왜 시장점유율이 떨어졌는지 원인분석을 해야 합니다. 그 원인이 제품경쟁력이 떨어져서인지, 상대적으로 마케팅활동을 덜 해서인지, 기존 제품 간 점유율은 유사한데 경쟁사의 신제품이 시장에 진입해서인지 등을 분석해야 적절한 대응을 할 수 있기 때문이죠.

그러지 않고 단순히 작년에 30% 성장했으니 올해도 30% 성장하자는 식의 목표를 세운다면 당연히 그 목표를 달성하기 어렵습니다. 이런 경우 영업부서에서는 제대로 된 제품을 못 만들어서 목표달성을 못했다고 하고, 제조부서에서는 마케팅이나 영업의 실패라고 하는 등 서로 책임을 회피하는 현상을 피할 수 없게 됩니다.

반대로 영업부서에서 불황에도 불구하고 각고의 노력으로 시장점유율을 올렸는데도 매출이 줄어들었다고 타박만 한다면 그 다음해부터는 그저 시장이 좋아지기만을 기다리게 될 것입니다. 심지어 젊은 영업사원들이 기업을 떠나는 일이 발생할 수도 있습니다.

이런 측면에서 성과의 원인을 분석하고 그에 걸맞는 평가와 대책을 세우는 것은 기업을 유지하고 성장시키는 주요한 업무가 됩니다. 따라서 이런 분석작업 없이도 현재 기업이 잘 돌아간다고 해서 무시하고 넘어갈 일이 아니라, 지금이라도 차이분석을 기업운영에 어떻게 활용할지를 적극적으로 검토해야 합니다.

제조원가를 절감하는 방법

제조원가에 관심이 많은 독자들을 위해 주요 원가에 대한 개략적인 설명과 원가경쟁력을 가지기 위한 조건 등을 보다 상세하게 설명해보겠습니다. 제조업에 종사하지 않는 독자들은 굳이 이 내용을 보지 않아도 무방합니다.

1) 재료비

재료비의 의미를 다시 설명할 필요는 없겠죠. 다만 재료비는 재료가 공장의 제조공정에 투입되기까지 들어간 모든 비용이 포함되기 때문에 '물류비'까지 포함된다는 점에 유의해야 합니다. 재료비 측면에서 원가경쟁력을 가지는 방법은 다음 2가지입니다.

① 재료를 싸게 사는 방법
② 동일한 재료로 더 많은 제품을 만들거나, 싼 재료를 사용해서 경쟁사와 유사한 품질을 만들어내는 방법

그런데 세상 모든 일이 그렇듯 말은 쉬운데 막상 이 방법들을 실행하기는 쉽지 않습니다. 그래서 각 기업들이 재료비절감을 위해 많은 노력을 하지만 막상 그 격차는 크게 나타나지 않습니다.

그럼 재료를 싸게 사는 방법의 예를 들어보겠습니다. 우선 부품이 아닌 원면, 철광석 등 그야말로 '천연 원재료'를 구입하는 경우를 살펴보겠습니다. 소위 '원자재'라고 부르는 이런 천연 원재료는 구매자가 많고 원산지가 확인되면 비교적 품질이 균일하기 때문에, 주식시장처럼 Commodity Market이라는 현물과 선물시장이 형성되어 있습니다. 다음

차트는 이러한 시장에서 거래되는 원면 현물가격의 변동상황을 보여주는 사례입니다.

*출처 : https://markets.businessinsider.com/commodities/cotton-price

차트를 보면 2011년을 정점으로 원면 가격이 많이 떨어졌고, 아직까지도 그 당시의 가격을 회복하지 못하고 있다는 사실을 알 수 있습니다.

그런데 기업들이 천연 원재료를 위와 같이 그때그때의 시장가격에 따른 현물로 구매하기도 하지만, 대기업들은 가격동향을 유심히 살피다 가격이 적정하다 싶을 때 선물거래(장래의 일정한 시기에 상품을 넘겨준다는 조건으로 현재 시점에서 가격을 정해 매매계약을 하는 거래)를 통해서 최대한 구매가격을 낮추려고 노력합니다.

따라서 시장에 대한 이해도와 예측 전문성을 키운다면 원재료 가격 경쟁에서 상대적 우위에 설 수 있습니다. 물론 이에 대해 주식시장에 침팬

지가 펀드 매니저보다 나은 성과를 낼 수도 있다는 말이 있듯이 결국 시장을 예측하기는 불가능하지 않냐고 할 수도 있습니다. 하지만 주식시장에 비해 원자재시장은 수요처와 공급처가 한정되어 있기 때문에 전문가들의 예측이 비교적 잘 맞는 편이고, 상대적으로 급격한 가격변동도 적은 편입니다. 이런 측면에서 항상 맞지는 않겠지만 전문성을 키우는 만큼 상대적 우위를 만들어낼 수 있는 영역이라고 할 수 있습니다.

둘째 방법 중 '동일한 재료로 더 많은 제품을 만들어내는 사례'는 꽤 많이 발견할 수 있습니다. 석유화학 혹은 반도체사업에서 많이 쓰는 수율(yield : 원자재에 어떤 화학적 과정을 가해서 원하는 물질을 얻을 때, 실제로 얻어진 분량과 이론상으로 기대했던 분량을 백분율로 나타낸 비율)에서 차이를 만들어낼 수 있다면 이것이 핵심 경쟁력이 될 수 있습니다.

예를 들어 50kg의 원재료를 넣으면 이론적으로 100kg만큼의 제품이 나온다고 해보겠습니다. 이런 경우에 A기업은 수율 95%로 95kg의 제품을, B기업은 수율 90%로 90kg의 제품을 만들어낸다면 A기업이 수율 측면에서 확실한 우위를 가진다고 할 수 있습니다. 또한 수율은 1~2가지 공정으로 올릴 수 있는 것이 아니고 기업 내부적으로 장기간 노하우를 축적해야 성과를 기대할 수 있기 때문에 경쟁사가 따라오기가 쉽지 않습니다.

또 하나의 방법인 '싼 재료로 유사한 품질을 만들어내는 방법'은 실제 원가절감 효과로 이어지기가 상당히 어렵습니다. 간혹 이러한 경쟁력이 있다고 주장하는 기업이 있지만, 필자의 기억으로는 이러한 방법을 통해 경쟁사 대비 눈에 띌 만한 원가경쟁력을 확인한 사례는 거의 없었습니다. 동종업계 기업들의 제조공정이 많이 표준화되어 있는 데다가, 이런 경쟁력을 통해 단기적 우위를 확보하더라도 직원의 이직 등을 통해 경쟁사에 노하우가 전수됨으로써 사실상 업계 공통의 상식이 되기도 해서 노력 대비 성과는 상대적으로 적은 방법이라 생각됩니다.

이번에는 원자재(천연 원재료)가 아닌 부품업체로부터 원재료인 '부품'을 구매하는 경우를 살펴보겠습니다. 이 경우에는 소비자가격처럼 어느 정도의 공정가가 있기는 하지만 통상 구매업체와 판매업체 중 누가 더 힘이 있느냐에 따라 최종적인 가격이 결정됩니다.

이때 사는 쪽이 당연히 더 힘이 있을 거라 생각할 수 있지만, 이러한 힘의 균형은 '수급'에 의해서 결정됩니다. 예를 들어 과거 경제성장기에는 양질의 철을 공급하는 포항제철(현 POSCO)로부터 철을 공급받기 위해 철을 원재료로 쓰는 업체들이 포항제철 영업사원에게 통사정을 해야 했다는 전설 같은 이야기가 있습니다. 그래서 포항제철 영업사원의 일은 팔려고 애쓰는 것이 아니라 누구에게 팔지 결정하고 줄 세우는 것이라는 우스갯소리까지 있었죠. 다소 과장도 있었겠지만 이와 같이 공급자가 힘을 가지는 경우도 있습니다.

그렇지만 원재료 판매업체(공급처)가 상당한 독점적 기술을 가지고 있지 않는 한 가격결정의 힘은 일반적으로 구매업체(수요처)가 가지게 됩니다. 특히 누구나 만들 수 있는 범용부품이라면 수요처 입장에서는 가격 외에 다른 구매결정 요인이 없습니다. 이런 경우에는 매년 그야말로 단가를 후려치는 극한의 원가절감 방법을 시도하는 경우도 생길 수 있습니다. 부품을 공급하는 업체 입장에서는 억울할 수 있지만, 수요처인 구매업체 입장에서는 가장 손쉬운 원가절감 방법이 될 테니까요.

이와 관련한 사례를 하나 들어보겠습니다. 애플(Apple)은 다음 그림과 같이 글로벌 스마트폰시장에서 발생하는 전체 영업이익 중 60% 이상을 독식하는 수익성이 좋은 기업입니다. 그럼 애플에 부품을 공급하는 업체도 동일한 수준 혹은 그렇지 않더라도 업계에서 가장 높은 이익을 시현할까요?

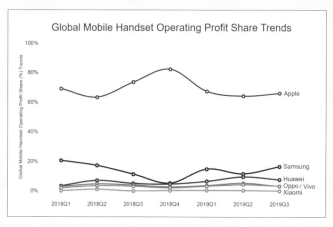

*출처 : 카운터포인트리서치

애플에 부품을 공급하는 대표적인 기업인 폭스콘은 열악한 노동환경이 언론에 이슈가 될 정도로 혹독한 원가절감을 하는데도 불구하고, 영업이익률 추이를 보면 삼성전자 부품공급사의 절반에도 미치지 못하는 경우가 많습니다. 그런데도 왜 폭스콘은 애플에 대한 부품공급을 포기하지 못할까요? 폭스콘을 포함하여 애플에 부품을 공급하는 업체들은 애플이 대량의 물량을 구매한다는 점과 애플에 부품을 공급할 경우 타기업으로부터 신뢰를 확보하여 판매처를 확대할 수 있다는 점 때문에 매우 낮은 마진에도 불구하고 애플과 사업관계를 유지하는 것으로 알려져 있습니다.

이렇게 제조업에서는 서로의 영향력을 무기로 제품구매에 있어 힘겨루기를 하는 경우가 많습니다. 그래서 오히려 경쟁력이 높은 부품업체는

힘있는 수요자보다는 다양한 수요자를 대상으로 부품을 판매하여 리스크도 줄이고 협상력도 높이는 전략을 사용하기도 합니다.

물론 쉽지는 않습니다. 대형 수요처를 잡지 않으면 공장가동률을 유지할 수 없는 경우도 있고, 중소형 거래선은 영업이익이 작아 대형 거래선만큼의 수익도 보장해주지 못하는 사례가 많기 때문이죠.

이렇듯 얼핏 보기에는 부품공급업체와 수요처 사이가 서로 간의 신뢰를 기반으로 윈-윈(Win-Win)을 추진하는 안정적인 파트너십 관계인 것 같지만, 실상을 살펴보면 오히려 끊임없이 힘겨루기를 하는 적대관계에 가깝다고 할 수 있습니다.

2) 노무비

제조원가에서 노무비가 차지하는 비중은 대체로 20% 미만으로 그리 크지 않습니다. 그런데 왜 기업에서는 노무비 비중을 낮추는 데 신경을 많이 쓸까요? 얼핏 생각하면 노무비 10%를 아끼기 위해 인건비가 싼 국가로 공장을 이전하는 상황이 잘 이해되지 않을 수 있습니다. 오히려 제조원가에서 큰 비중을 차지하는 재료비나 경비를 아끼는 방법이 더 합리적일 텐데 말이죠. 이렇게 생각하면 인건비절감에만 집중하는 기업이 한심해보일 수도 있습니다.

그런데 기업에서 이런 경향을 보이는 이유는 인건비를 제외한 나머지 원가요소에서는 경쟁업체와 차이를 만들어내기가 쉽지 않기 때문입니다. 예를 들어 재료비의 경우 제조원가에서 차지하는 비중이 30~40%에서 많으면 70~80%에 달할 정도로 크지만, 앞에서 설명한 방법들을 써서 쥐어짜듯 줄이더라도 경쟁사 대비 1~2% 줄이기가 매우 어렵습니다. 더군다나 최종제품의 품질을 생각하면 무작정 원가를 줄일 수도 없습니다. 제조경비 역시 절감하기가 쉽지 않습니다. 제조업체의 경우 일반적으로 생산설비를 전문업체에서 구매하기 때문에 경쟁사의 설비와 큰 차이가 없고, 이러다 보니 제조경비에서도 큰 차이를 만들어내기 어렵습니다. 그렇다고 제조경비를 절감하기 위해 낡은 설비를 사용하면 품질이 떨어질 위험이 있습니다.

반면에 노무비는 선진국과 개발도상국 간 격차가 엄청납니다. 게다가 개발도상국 노동자들이 더 열심히 일하고 생산성이 훨씬 높은 경우도 많습니다. 선진국 노동자들이 8시간 일하면서 자기 밥벌이 정도 하는 데 만족한다면 개발도상국 노동자들은 야근을 해서라도 많은 돈을 벌어 가족을 부양하려고 하는 경우도 볼 수 있죠. 이처럼 다른 원가요소에서는 1% 낮추기도 힘든 반면 인건비는 국가 간 큰 격차로 인해 잘만 하면 90% 이상 절감할 수도 있습니다. 그러다 보니 기업 입장에서는 당연히 인건비에 민감할 수밖에 없는 것이죠.

| 국가별 제조업 종업원의 명목 월평균 임금 |

국가	한국	중국	말레이시아	베트남	방글라데시
임금 (USD)	3,114	746	513	257	158

*출처 : KOSIS(2016년 기준)

그렇다면 인건비가 싼 국가를 찾아간 기업들은 모두 성공했을까요? 그랬다면 필자가 질문을 하지도 않았겠죠.

그렇지 않을 수밖에 없는 첫 번째 이유는 우리 기업만 인건비가 싼 나라를 찾지는 않기 때문입니다. 경쟁사들도 당연히 인건비가 싼 나라를 찾아 나섰겠죠.

두 번째 이유는 인건비 외의 다른 요소를 간과했기 때문입니다. 사람이 다 비슷해 보이지만 각기 생산성에서 엄청난 차이가 있습니다. 특히 장

시간의 육체노동이나 집중력이 필요한 일의 경우에는 그 차이가 10배까지도 날 수 있습니다.

또 현지의 인프라가 부족한 경우도 있습니다. 예를 들어 현지 전력사정이 안 좋아 전기가 하루에도 몇 번씩 끊긴다면 당연히 품질유지도 안 되고 생산성도 떨어질 수밖에 없습니다. 또한 위에서 말했듯이 우리 기업이 진출할 때는 현지 인건비가 낮았는데, 이후 여러 경쟁사의 진출로 인력이 부족해져서 인건비가 급격히 올라가는 경우도 있습니다. 이밖에도 현지 국가의 세제혜택, 해당 산업에 대한 현지 정부의 입장(최근에는 개발도상국에서도 노동집약적인 산업을 유치하는 데는 소극적인 경우가 많습니다) 등 고려할 요소가 많습니다.

특히 문화나 관습, 법률이 다른 국가에서 공장을 운영하고 관리할 수 있는 능력이 있느냐 하는 점이 중요합니다. 필자는 신용평가 일을 할 때 섬유산업업체들을 담당했는데, 당시 많은 업체들이 인건비를 이유로 해외로 제조거점을 옮겼습니다. 그런데 그 중 대부분 업체의 수익성이 썩 좋지 못했습니다. 오히려 해당 산업에서 가장 실적이 좋았던 업체는 당시 해외에 공장이 없었던 일신방직이었습니다.

물론 인건비는 기업 입장에서 중요한 경쟁력입니다. 하지만 그렇더라도 무작정 싼 인건비만을 좇아 사업을 한다는 것은 매우 위험한 발상이라고 할 수 있습니다.

3) 경비 및 제조간접비

경비 중에서 가장 비중이 크고 원가경쟁력에 영향을 줄 수 있는 요인은 '감가상각비'와 '물류비'입니다.

우선 감가상각비를 통제하기 위한 '설비투자 방식'부터 살펴보겠습니다. 설비투자 방식은 업종특성에 따라 천차만별입니다. 석유화학산업의 경우 우리가 이름을 알 만한 선도업체들은 일반적으로 대규모 투자를 하고, 다음 투자를 최대한 늦추는 전략을 씁니다. 그래야 감가상각을 다하고도 동일한 설비를 최대한 오래 활용해서 높은 이익을 창출할 수 있기 때문이죠.

몇 년에 한 번씩 대규모 설비투자를 해야 하는 반도체산업에서는 투자 초기에 대규모 투자에 따른 많은 감가상각비를 충당하고도 남을 만한 이익을 창출해야 합니다. 그래야 투자자금을 회수하고 다음 투자에 필요한 재원을 마련할 수 있습니다. 그래서 반도체산업 기업들의 감가상각기간은 대규모 투자에도 불구하고 타 산업에 비해 짧습니다. 대규모 초기 투자와 단기간의 투자회수가 필요한 반도체산업의 이와 같은 특성은 후발 주자의 진입을 막는 효과적인 수단이 되기도 합니다.

지금은 효자산업이 되었지만 국내 기업의 반도체사업 투자 초기에는 이미 많은 돈을 번 일본 기업들이 우리나라 기업이 제품을 출시하면 해당 제품단가를 떨어뜨려서 수익을 창출하지 못하게 하는 전략을 썼다고 합니다. 이로 인해 삼성전자는 이익이 줄어서 막대한 초기 투자자금을 회수할 수 없었고, 그 영향으로 반도체산업에 뛰어든 지 한참 후에 일본업체보다 기술적으로 앞서나가기 전까지는 적자구조를 탈피하지 못했다고 합니다.

대규모 설비투자 기반의 사업에서는 '경기의 흐름과 경쟁사의 움직임을 읽는 역량'이 가장 중요하다고 할 수 있습니다. 경기가 호황이라고 해서 과감하게 대규모 설비투자를 했다가 경기가 불황으로 접어들면서 어려움을 겪는 사례도 비일비재하고, 수요가 늘 것이라고 보고 설비투자를 했는데 경쟁사들도 따라서 투자하면서 공급과잉으로 산업 전체가 망가지는 사례도 많았습니다.

위와 같이 대규모 설비가 필요한 장치산업이 아닌, 일반 제조업에서는 원가경쟁력 측면에서 '자동화 투자와 인건비와의 상관관계'를 살펴볼 필요가 있습니다.

1990년대 이후 국내 인건비가 올라 국내 기업들의 경쟁력 하락이 문제가 되었을 때, 일부 언론에서 자동화 투자로 인건비 상승에 대응해야 한다는 주장을 했습니다. 하지만 결국 대다수 기업이 자동화 대신 개발도상국으로 공장을 이전하는 방안을 택했습니다. 이를 두고 '기업 입장에서 왜 자동화가 답이 아니었을까?' 하는 의문을 가질 수 있는데, 이는 다음과 같은 자동화 투자에 따른 2가지 고민이 반영된 결과로 볼 수 있습니다.

첫째, 자동화에 들어가는 설비투자액입니다. 대부분의 경우 자동화에 투자하는 돈이 인건비 절감액보다 훨씬 큽니다.

둘째, 자동화에 따른 효과입니다. 과도한 자동화는 오히려 생산성을 떨어뜨릴 수 있습니다. 자동화가 적정수준을 넘어서면 불량이 날 확률이 올라갈 수도 있고, 모델 교체에 많은 시간이 소요될 수도 있으며, 사소한 이상이 생겼을 때 원인을 찾아내거나 수리하는 데 어려움을 겪을 수도 있습니다.

물론 최근의 화두인 4차 산업혁명에 따라 AI, 빅데이터를 활용한 자동화와 함께 맞춤형 제조까지 시도할 수 있기 때문에, 이런 기술을 활용한 대규모 설비투자에 의한 기대효과가 과거보다는 훨씬 높을 것으로 기대하고는 있습니다. 다만 필자의 생각으로는 산업의 특성에 따라 자동화 및 설비투자의 장벽이 낮아질 수는 있겠지만 노동력을 완전히 대체하기는 어려워 보입니다.

과도한 자동화에 따른 대표적인 실패사례로 1980년대의 애플과 2010년대 테슬라의 사례를 들 수 있습니다.

애플은 1983년에 당시 신제품인 매킨토시 생산을 위해 포드의 대량생산 방식과 소니의 품질관리 역량의 결합을 추구하는 최첨단 자동화공장을 건설했습니다. 스티브 잡스는 제조공정의 자동화수준을 높여 인건비 비중이 제품가격의 2%에 불과할 것이라고 공언했습니다. 하지만 결과적으로 애플은 구축한 대량생산 체계로 주문 받은 물건을 제때 생산해내지 못했고, 수요마저 기대에 못 미치면서 결국 1992년에 공장 문을 닫았습니다.

테슬라는 사업 초기에 로봇을 활용한 완전한 공장자동화를 꿈꿨습니다. 결과는 어땠을까요? 테슬라는 2016년 3월부터 2018년 7월까지 2년 4개월 새에 50만 대의 모델3를 선주문 받았고 생산은 2017년 말부터 시작했습니다. 그런데 2018년 6월까지 테슬라가 고객에게 인도한 모델3는 겨우 2만 8,395대였습니다. 게다가 문짝의 내부 색깔이 서로 다른 이해하기 어려운 하자도 발생했습니다. 진단결과 공장자동화에 대한 과도한 의욕이 문제의 원인으로 파악되었습니다. 사람이 하면 한결 쉬울 일마저 로봇으로 복잡하게 하려다 어려움에 부딪혔다고 본 것이죠.

일론 머스크 테슬라 최고경영자(CEO) 역시 무모한 시도였음을 인정했습니다. 그는 CBS와의 인터뷰에서 "복잡한 네트워크를 설치했지만 작동하지 않아서 모든 것을 제거했다"고 말했습니다. 하지만 그때는 이미 테슬라 공장에서 2018년에만 3차례 생산중단이 발생한 뒤였습니다.[*]

'모라벡의 역설'이라는 용어가 있습니다. 사람에게 쉬운 것이 컴퓨터나 로봇에게는 어렵고, 반대로 컴퓨터나 로봇에게 쉬운 것이 사람에게는 어렵다는 의미입니다. 이처럼 무작정 자동화, 기계화를 하는 것이 효율적이지는 않기 때문에 당분간 생산현장에서 사람이 사라질 일은 없을 것으로 보입니다.

[*]참고 : 〈IT조선〉 2018년 4월 18일 기사
[*]http://it.chosun.com/site/data/html_dir/2018/04/18/2018041885031.html

4) 물류비

물류비는 업종별 특성에 따라 제조원가에서 차지하는 비중이 높은 경우도 있고, 무시할 만한 수준인 경우도 있습니다. 예를 들어 같은 IT·전자 업종이라도 냉장고와 스마트폰 사업의 물류비 비중은 크게 차이가 나고, 사업에서 차지하는 물류비의 중요성에도 차이가 있습니다.

냉장고의 경우 가격 대비 물류비 비중이 높기 때문에 물류비가 공장부지 결정에 중요한 요인이 됩니다. 즉, 공장부지를 결정하는 데 있어 제조 인프라 못지 않게 부품조달 및 판매에 따른 물류비가 핵심적 고려사항이 됩니다.

반면에 스마트폰은 무게나 부피가 크지 않기 때문에 아무 생각 없이 비행기로 실어 나르더라도 물류비 비중이 1%도 되지 않습니다. 스마트폰의 경우 운송 소요시간을 고려하면 수출할 때 가격이 비싸더라도 배보다 비행기를 이용하는 방법이 훨씬 나을 수도 있습니다. 삼성전자가 전반적인 제조환경이 좋은 베트남에 전 세계 시장을 대상으로 한 대형 스마트폰 제조공장을 설립한 까닭도 이처럼 상대적으로 물류비가 낮다는 특성이 영향을 미쳤다고 볼 수 있습니다.

최근에는 기업들이 '3PL(3자 물류 : 물류를 내부화하지 않고 전문업체에 맡기는 것)'을 많이 이용함에 따라 업체별 운송비나 창고비의 차이가 크지 않습니다. 따라서 이제는 경로별·개별 운송비 등 운영 측면에서의 물류비용보다는 다음과 같은 기준에 따라 '물류 네트워크를 어떻게 설계하느냐'가 물류비차이를 결정하는 가장 큰 요소가 되고 있습니다.

① 제조거점을 어디에 둘 것인지
② DC(Distribution Center)라고 불리는 물류창고를 어디에 위치시킬 것인지

위의 요소 중에서 특히 제조거점인 공장은 한 번 세우면 위치를 바꾸기가 쉽지 않습니다. 그래서 글로벌 제조기업에서는 공장설립에 대한 의사결정을 할 때 물류비를 가장 중요한 요소 중 하나로 고려합니다. 하지만 현실적으로 제조거점의 결정이나 물류 네트워크 설계에 대한 의사결정이 기업 내에서 자주 이루어지지 않기 때문에, 매우 전문적인 영역임에도 불구하고 기업 내부에 전문인력이 있는 경우가 많지 않습니다. 이런 이유로 해당 영역을 경영컨설팅업체나 물류 네트워크 설계 전문업체에 의뢰하는 경우가 많습니다.

지금까지 원가의 구성요소와 요소별 특징에 대해 간략히 알아봤습니다. 많은 기업들이 이익창출을 목적으로 원가절감을 위해 치열하게 노력하고 있습니다. 그럼에도 불구하고 필자가 신용평가를 하면서 접했던 기업들 중 일부는 원가절감에 대해 그렇게 신경을 많이 쓰지 않는 경우도 있었습니다.
가장 큰 이유는 과거 호황기의 기억 때문이었습니다. 몇 년간 적자를 보더라도 다시 호황기만 찾아오면 그간의 적자를 한 번에 만회할 수 있다고 믿는 것이죠. 그러다 보니 특별한 위기의식 없이 재고가 얼마나 되는지 제대로 파악하지 않고 창고에 쌓아두는 사례도 있었습니다. 안타깝게도 그런 기업들 대부분은 기다리던 호황기를 보지 못하고 사라져갔습니다. 산업환경이 바뀌고 경쟁이 치열해지면서 막연한 기다림으로는 살아남을 수 없는 시대가 된 것입니다.

04

손익분기점분석 :

적자사업을 계속해도 되는 걸까?

이번에는 적자로 인해 사업운영이나 제품생산을 계속해야 할지 여부를 결정하는 데 있어서 최소한의 기준에 대해 알아보겠습니다. 사업은 당연히 돈을 벌기 위해서 합니다. 그런데 돈을 벌지 못하고 적자가 난다면 이것이 견딜 만한 수준인지, 또 개선될지 아닌지를 판단하기가 쉽지 않습니다. 이에 대해 지금 설명하는 내용이 정답은 아니겠지만 어느 정도의 가이드라인은 되리라 생각합니다.

:: 손익분기점을 계산하는 방법

① 손익분기점 판매량

사업을 하려면 토지와 건물을 구입 또는 임대하고 인력을 고용해야 합니다. 그리고 나면 기업이 아무것도 안 하더라도 매 기간 비용(임대료, 인건비)이 발생합니다. 이를 '고정비'라고 하죠. 이 고정비를 상품을 매입해서 팔거나 제품을 만들어서 팔 때 생기는 이익으로 충당할 수 있어야 그때부터 '이익'이 발생합니다. 이와 같은 논리로 찾는 것이 '손익분기점'입니다.

손익분기점을 찾으려면 먼저 '공헌이익'을 산출해야 합니다. 공헌이익은 매출액에서 변동비를 뺀 것으로, 상품이나 제품을 팔아서 벌어들인 이익으로 볼 수 있습니다. 이익창출에 공헌한다고 해서 그렇게 부르는 듯합니다. 그리고 '단위당 공헌이익'은 상품 또는 제품을 하나 팔 때마다 추가적으로 버는 이익을 말합니다. 상품이라면 '판매단가에서 매입단가를 뺀' 금액이 되겠죠.

상품이나 제품을 팔아서 얻은 공헌이익으로 고정비 전체를 충당하면 '손익분기점'을 달성하게 됩니다. 수익(매출액)과 비용(변동비+고정비)이 같아져서 '공헌이익(매출액−변동비)−고정비=0'이 되는 것이죠.

다음 식과 같이 단위당 공헌이익과 고정비를 알면 위와 같은 손익분기점을 달성할 수 있는 판매량(손익분기점 판매량)을 구할 수 있습니다.

• 손익분기점 판매량 ＝ 고정비/단위당 공헌이익

그럼 다음 사례를 기준으로 손익분기점 판매량을 계산해보겠습니다.

- 제품의 판매단가 : 100원
- 제품 1개당 변동비 → 원재료비 : 40원, 공임(인건비) : 25원,
　　　　　　　　　　　　전기료 : 5원
- 고정비 → 감가상각비 : 1,000원, 임대료 : 500원

위의 사례에서는 제품의 판매단가가 100원이고 단위당(제품 1개당) 변동비의 합이 70(40+25+5)원이므로, 단위당 공헌이익은 30원(100원-70원)이 됩니다. 즉, 제품을 1개 팔 때마다 30원의 이익이 생긴다는 것이죠.

따라서 손익분기점 판매량은 다음 식과 같이 1개당 30원의 이익이 생기는 제품을 몇 개 팔아야 고정비 1,500원(감가상각비 1,000원+임대료 500원)을 충당할 수 있는지를 계산해보면 되겠죠.

- 손익분기점 판매량＝1,500원/30원＝50개

위와 같이 1개당(단위당) 30원의 이익이 나는 제품 50개를 팔면 손익분기점을 달성할 수 있습니다.

② 손익분기점 매출액

만약 손익분기점 판매량이 아닌 매출액을 구하고 싶다면 다음 식과 같이 공헌이익을 매출액으로 나눈 공헌이익률로 고정비를 나누면 됩니다.

- 손익분기점 매출액 = 고정비/공헌이익률*

*공헌이익률=공헌이익/매출액

1원어치의 제품이나 상품을 팔 때마다 공헌이익률에 해당하는 금액만큼 이익이 발생하기 때문에 고정비를 공헌이익률로 나누면 '금액'을 기준으로 한 손익분기점이 달성되는 것이죠.

③ 목표 매출액과 목표 매출수량

만약 기업에서 정한 '목표이익'이 있다면 다음 식과 같이 고정비에 목표이익을 더하고, 이를 공헌이익률로 나눠서 '목표이익을 달성하기 위한 매출액'을 산출할 수 있습니다.

- (고정비+목표이익)/공헌이익률 = 목표 매출액

또 다음 식과 같이 고정비와 목표이익을 더한 값을 단위당 공헌이익으로 나눈다면, 이것은 '목표이익을 달성하기 위한 매출수량'이 됩니다.

- (고정비+목표이익)/단위당 공헌이익 = 목표 매출수량

그럼 공헌이익을 기준으로 손익분기점을 달성하지 못하면 사업을 중단해야 할까요? 만일 물건을 만들 때마다 공헌이익을 창출할 수 있

다면 사업을 유지하는 것이 바람직합니다. 예를 들어 매년 고정비가 10,000원이 발생하고 단위당 공헌이익이 100원이 생긴다고 가정해 보겠습니다. 이런 경우에 올해 90개를 팔아서 9,000원의 공헌이익을 창출했다면 1,000원의 적자가 납니다. 그래도 10개만 더 팔면 손익분기점을 넘어 이익을 창출할 수 있다는 희망이 있기 때문에 내년에 더 열심히 해서 10개 이상 더 팔아야겠다는 계획을 세울 수 있습니다.

반면에 공헌이익조차 발생하지 않거나 단위당 공헌이익이 너무 적어서 현실적으로 판매할 수 있는 수량으로는 도저히 손익분기점을 달성할 수 없다면 차라리 사업을 중단하는 편이 나을 것입니다.

:: 한계이익으로 사업계속성을 판단하는 방법

한편, 사업계속성 여부를 공헌이익이 아닌 '한계이익'을 기준으로도 살펴볼 필요가 있습니다. 통상 경제학에서는 한계이익을 '물건을 하나 만들 때마다 버는 이익'이라고 정의합니다. 예를 들어 공장, 설비, 제조인력 등 기본적인 투자가 이루어진 상태에서 제품 하나를 만들어서 팔 때 발생한 매출액(=한계수익)에서 제품 하나를 만들기 위해 직접적으로 들어간 재료비와 외주가공비, 수수료 등 이 제품을 만들지 않으면 쓰지 않아도 될 비용(=한계비용)을 뺀 것이 한계이익입니다. 이를 산식으로 표현하면 다음과 같습니다.

- 한계이익 = 한계수익 − 한계비용

(한계이익은 공헌이익과 유사한 개념으로, 물건을 하나 더 팔 때 발생하는 이익을 말합니다.)

그런데 공헌이익은 제품 하나를 만들 때마다 얻는 이익이 '동일'하다고 가정하는 반면, 한계이익은 '변할 수' 있습니다. 예를 들어 기계를 구입해서 일정 수준 이상의 제품을 만들고 나면 기계의 효율이 떨어지는데, 이로 인해 재료를 더 많이 투입해야 한다면 단위당 변동비가 늘어나 한계이익이 줄어들 것이기 때문입니다. 공헌이익과 마찬가지로 이러한 한계이익이 발생하는 한 사업은 계속 유지할 만하다고 볼 수 있습니다.

:: 손익분기점을 찾기 어려운 이유

그런데 왜 사업을 유지하는 기준으로 공헌이익이 아닌 경제학의 한계이익 개념까지 알아봤을까요? 손익분기점을 찾는 일이 매우 간단하고 명확해 보이지만 의외로 찾기가 쉽지 않은 경우가 많기 때문입니다.

일단 모든 비용이 변동비, 고정비로 나누어지지 않습니다. 간단한 예로 '준고정비'나 '준변동비'가 있을 수 있습니다. '준변동비'는 전기요금처럼 사용량이 일정 기준을 넘으면 기본적으로 나가는 비용 이외에 추가로 발생하는 비용을 말합니다. '준고정비'는 비용이 일정 구간 단위로 계단식으로 변하는 비용을 의미합니다. 예를 들어 한 사람이 제품을 100개 포장할 수

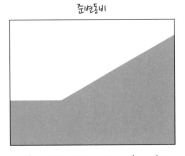

준변동비

⇒ 일정 기준(사용량)이 넘으면 추가 발생

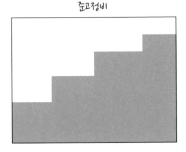

준고정비

⇒ 일정 구간 단위로 계단식으로 변동

있다고 할 때 100개가 넘어가면 한 사람을 더 고용해야 하는데, 이런 경우에 인건비가 준고정비가 됩니다.

이와 같은 준변동비와 준고정비의 구조를 도식화하면 위의 그림과 같습니다.

또한 투입인력의 숙련도 증가에 의한 '학습효과'에 따라 단위시간당 제조물량이 늘어나 한계비용이 감소하는 경우도 있을 수 있고, 기계가 한계능력에 도달해 효율이 떨어지거나 근로자들(인력)의 피로가 누적됨으로써 소위 수확체감의 법칙이 적용되기도 합니다.

따라서 이런 경우에 손익분기점을 찾으려면 216쪽의 '엑셀을 활용한 손익분기점분석'처럼 준변동비, 준고정비, 학습효과 등을 모두 함수화해 엑셀파일을 만들어서 계산해봐야 합니다.

:: 매몰원가로 사업의 존속을 판단하는 방법

지금까지는 손익분기점을 기준으로 현재 영위하는 사업에서 돈을 벌 수 있는지 여부를 분석함으로써 사업을 계속할 것인지에 대한 의사결정을 하는 방법에 대해 알아봤습니다.

그럼 이번에는 사업의 존속 여부를 판단하는 또 다른 기준인 '매몰원가' 개념에 대해 알아보겠습니다. 매몰원가는 '이미 과거에 발생한 원가로서, 통제할 수 없는 원가'를 말합니다. 참고로 매몰원가라는 용어는, 투자 지속 여부에 대한 의사결정을 할 때는 앞으로 들어올 수익과 비용만을 고려해야 하고, 과거에 아무리 많은 돈을 투자했더라도 이를 고려하지 않는 것이 바람직하다는 의미에서 비롯되었습니다. 따라서 이런 이론적 배경에 따라 매몰원가, 즉 과거에 얼마의 돈이 투자되었는지는 투자 의사결정에 영향을 줘서는 안 됩니다.

예를 들어 지금까지 100억 원을 투자했는데, 추가로 10억 원을 더 투자하면 5억 원을 벌 수 있다고 가정해보겠습니다. 이런 경우 결과적으로 5억 원의 손실이 추가로 발생한다는 의미가 되니 투자를 중단해야 합니다. 이런 상황에서 만약 투자를 중단하면 이미 투자한 100억 원을 날리게 되니 10억 원을 더 투자하겠다고 한다면 매우 불합리한 의사결정이 될 것입니다. 비록 이미 100억 원을 투자했더라도 앞으로 돈을 더 벌 가능성이 없다면 투자를 중단하는 것이 맞습니다.

그럼 위와 같이 이미 100억 원을 투자한 상황에서 추가로 10억 원을 더 투자하면 15억 원을 벌 수 있다고 한다면 어떻게 의사결정을 해야 할까요? 결과적으로 110억 원을 투자해서 15억 원을 버는 형편없는 투자니까 그만두자고 해야 할까요? 그런데 이 경우 지금 10억 원을 추가로 투자하지 않으면 이익이 0이 되지만, 투자를 하면 이익이 5억 원이 됩니다. 따라서 전체적인 수익성은 떨어지지만 현재 시점에서는 투자를 하는 것이 맞습니다.

그런데 현실에서는 기업들이 후자(5억 원의 이익발생)의 판단은 매우 합리적으로 잘하는 반면, 전자의 상황(5억 원의 손실발생)에서는 추가적인 손실이 발생하는데도 투자를 지속하는 경우가 많습니다. 왜 그럴까요?

이런 경우 기업 입장에서 투자를 중단하면 과거의 투자(100억 원)가 실패로 결론 나지만, 어떻게든 투자를 계속해서 몇 년 후 단 한 해라도 이익이 나면 그간의 투자금은 잊혀지고 사업을 궤도에 올려놓았다는 평가를 받을 수 있기 때문입니다. 특히 투자를 포기하면, 투자 당사자라면 경력에 오점이 생기고, CEO라면 투자실패에 대한 책임을 지고 퇴진해야 할 수도 있습니다. 그렇기 때문에 기업에서는 이미 많은 돈이 투자된 사업은 웬만해서는 포기하지 않습니다.

그럼 위와 같은 상황에서 합리적 투자 의사결정을 하려면 어떻게 해야 할까요?

첫째, 투자시점부터 특정 시점(Milestone)을 정해서 정기적으로 객관적 제3자에게서 투자 지속 여부를 평가받는 방법이 있습니다. 이러면 막연히 이미 많은 돈이 투자되었다고 해서 울며 겨자 먹기 식으로 투자를 계속하지 않고 냉정히 중단할 가능성이 높습니다.

둘째, 투자 담당자 혹은 큰 사업이라면 CEO를 교체하는 방법이 있습니다. 이럴 경우 후임자는 당초의 투자 의사결정에서 자유롭기 때문에 앞으로의 전망만을 기초로 투자 지속 여부를 합리적으로 결정할 수 있습니다.

이와 같이 현장에서의 사업의 지속이나 중단 여부는 합리적 분석뿐 아니라 사업과 관련한 의사결정구조 등 내부 상황까지 복합적으로 반영해서 결정해야 합니다.

엑셀을 활용한 손익분기점분석

*손익분기점분석 관련 엑셀 양식은 출판사 블로그(https://blog.naver.com/atlasbooks)에서 다운로드받을 수 있습니다.

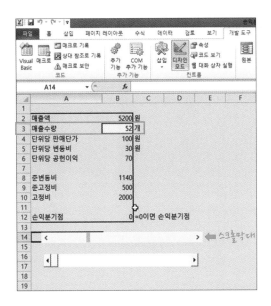

위의 그림과 같이 매출액 및 매출수량과 단위당 판매단가·변동비· 공헌이익을 계산하는 행을 만듭니다. 그리고 나서 단위당으로 정할 수 없는 준변동비, 준고정비, 고정비 등을 적절한 함수 또는 항목별로 하위메뉴를 만들어 정리한 후 합하게 되면 고정비를 비롯한 단위당 공헌

이익으로 충당해야 하는 전체 비용규모를 산출할 수 있습니다.

앞의 엑셀양식에서 각 항목별 산식은 다음과 같습니다.

- 매출액 : 매출수량×단위당 판매단가
- 매출수량 : 손익분기점을 찾기 위한 변수 B12 항을 '0'으로 만드는 숫자 입력
- 단위당 판매단가 · 단위당 변동비 : 임의의 수치 입력
- 단위당 공헌이익 : 단위당 판매단가(B4) − 단위당 변동비(B5)
- 준변동비 : 임의의 수치. 매출수량이 0일 때 일정 기준의 고정값을 가지며, 매출수량에 따라 증가. 여기서는 '=100＋20×B3'
- 준고정비 : 임의의 수치. 계단식으로 증가. 여기서는 매출수량 50 이하 100, 100 이하 500, 100 초과 시 1,000 (=IF(B3〉100,1000,IF(B3〉50,500,100)))
- 고정비 : 임의의 수치
- 손익분기점 : 손익분기점 산식. 매출수량×(단위당 판매단가−단위당 변동비)−준변동비−준고정비−고정비 (=B3×(B4−B5)−B8−B9−B10)

그런 다음 엑셀양식에서 색상 박스를 둘러서 표시한 매출수량을 변경시켜보면 손익분기점을 달성하는 매출수량과 매출액을 찾을 수 있습니다. 이때 매출수량 셀에 일일이 숫자를 바꿔가며 찾을 수도 있지만 앞의 엑셀양식 하단에 나오는 '스크롤 막대'를 사용하면 훨씬 편하

게 수치를 변경할 수 있습니다.(스크롤 막대를 만드는 방법은 다음 쪽의 '엑셀로 스크롤 막대 만들기' 참조)

예를 들어 스크롤 막대 좌측의 화살표를 누르면 숫자(매출수량)가 1씩 작아지고 우측 화살표를 누르면 1씩 커집니다. 또 스크롤 막대 중앙의 작은 막대를 마우스 왼쪽 버튼으로 누르고 움직이면서 숫자를 조정할 수도 있고, 숫자를 큰 폭으로 조정하고 싶으면 작은 막대 좌우의 공간을 마우스로 클릭하면 됩니다. 이와 같은 방식을 사용하면 짧은 시간에 손익분기점을 찾을 수도 있으며, 양식을 만든 사람이 아니더라도 쉽게 공유하여 사용할 수 있습니다.

| **엑셀로 스크롤 막대 만들기**

앞의 엑셀양식에서 손익분기점을 찾기 위한 매출수량을 일일이 변경하지 않고 좀 더 편하게 바꿀 수 있는 방법이 없는지 궁금할 것입니다. 이럴 때 다음과 같은 방법으로 '스크롤 막대'를 만들어서 활용하면 훨씬 간단하게 숫자(매출수량)를 조정할 수 있습니다.

1. '파일〉옵션〉리본사용자 지정' 순으로 메뉴를 선택한 후 '리본 메뉴 사용자 지정'의 여러 항목 중 '개발도구'를 선택해 좌측 상자에 체크한 후 확인을 누릅니다. 만약 '리본 메뉴 사용자 지정'에 '개발도구'가 없다면 다음 그림처럼 ① 좌측의 '명령 선택'에서 '기본 탭'을 선택한 후 ② 하단 메뉴 중에서 '개발도구'를 선택합니다. ③ 그런 다음 화면 가운데의 '추가' 버튼을 눌러 '리본 메뉴 사용자 지정' 항목에 '개발도구'를 추가한 후 ④ '리본 메뉴 사용자 지정'의 '개발도구'의 좌측 상자에 체크합니다.

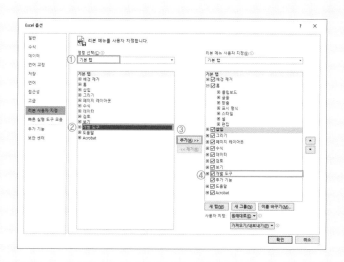

그러면 다음 그림처럼 상단 메뉴에 '개발도구' 메뉴가 생깁니다.

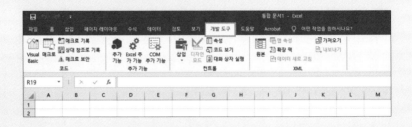

2. ① 개발도구 메뉴에서 '삽입'을 선택한 후 ② 다음 좌측 그림처럼 '양식 컨트롤'에서 위, 아래로 화살표가 있는 막대를 선택합니다. ③ 그런 다음 엑셀 화면의 원하는 위치에 스크롤 막대를 가로 혹은 세로로 만들어 줍니다. 그리고 나서 ④ 우측 그림처럼 스크롤 막대 위에서 마우스 오른쪽 버튼을 클릭해서 나온 메뉴 중 '컨트롤 서식'을 선택합니다.

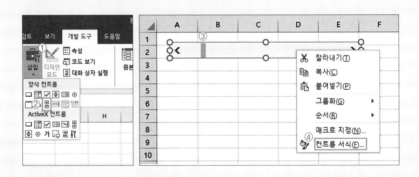

3. 다음 그림과 같은 컨트롤 서식 화면이 나오면 ① 가장 우측에 있는 '컨트롤' 메뉴에서 ② '최소값', '최대값'을 설정하고, ③ '증분 변경'에서 화살표를 클릭해서 한 번에 얼마의 숫자가 변동되게 할지를 지정

합니다. ④ 참고로 '페이지 변경'은 한 번에 큰 숫자를 변경하고 싶을 때 변경되는 값을 지정하는 메뉴입니다. 마지막으로 ⑤ '셀 연결'에서 매출수량에 해당하는 셀(216쪽 엑셀양식에서 색상 상자로 표시한 매출수량에 해당하는 'B3' 셀)을 선택합니다. ⑥ 이렇게 설정하고 '확인'을 누릅니다.

위와 같이 설정하면 해당 셀(매출수량) 안에 숫자를 일일이 입력하지 않고도 편하게 손익분기점 시뮬레이션을 해볼 수 있습니다.

참고로 이 기능은 손익분기점을 찾기 위한 목적 외에도 일정 범위의 숫자를 변경해가며 결과를 찾아야 하는 분석작업에 써보기를 권합니다. 매출실적 등 그래프로 수치의 변화를 보여주기도 편하고 여러 상황에서 유용하게 사용할 수 있습니다.

6장

왜 꼭 현금흐름표까지
살펴봐야 할까?

현금흐름표 :

현금흐름표에서는 무엇을 살펴봐야 할까?

사실 대부분의 기업 실무에서 현금흐름표는 그저 규정상 작성해야 한다고 생각하고 그다지 신경 쓰지 않는 경향이 있습니다. 실제로 안정적인 현금흐름을 가지는 대기업에서는 실무자가 현금흐름표를 신경 쓸 필요가 별로 없습니다. 반면에 현금흐름의 안정성이 상대적으로 떨어지는 중견기업에서는 자사 혹은 거래선의 현금흐름표를 눈여겨볼 필요가 있습니다.

:: 현금의 유입과 유출경로를 파악

현금흐름표는 '영업활동, 투자활동, 재무활동에 따른 현금흐름'을 정리한 재무제표입니다. 내용을 깊이 들여다볼 필요는 없으며, 몇 가지 항목만 체크해보면 현금흐름이 건전하게 이루어졌는지를 확인할 수 있습니다. 특히 '영업활동으로 인한 현금흐름'의 주요 항목을 살펴보면 기업운영의 건전성을 확인할 수 있습니다. 참고로 '영업활동으로 인한 현금흐름'이 공식용어(일반기업회계기준상 용어)지만, 여기에서는 설명의 편의상 현금흐름표 자체를 설명하는 경우가 아니면 관행적으로 사용하는 '영업상 현금흐름'이란 용어를 사용하겠습니다.

다음 쪽 표는 현대자동차주식회사의 현금흐름표입니다. 표와 같이 크게 영업활동으로 인한 현금흐름, 투자활동으로 인한 현금흐름, 재무활동으로 인한 현금흐름 순으로 정리되어 있고 표의 마지막 부분을 보면 현금성자산의 변동규모와 기초·기말의 현금이 표시되어 있습니다.

이러한 현금흐름표의 흐름을 보면 영업과 투자를 통해 현금이 유입 혹은 유출되었는지를 확인하고 결과적으로 남거나 모자란 현금을 재무활동 측면에서 어떻게 처리했는지, 즉 자금을 어디서 조달했으며 남은 돈은 어떻게 처리했는지를 알 수 있습니다.

표를 보면 이 기업은 제53기(2020년)에 영업을 통해 6조 원의 현금이 유입되었고, 투자에 6조 6천억 원의 돈을 사용한 후, 부족한 돈을 금융기관에서 조달했음을 알 수 있습니다.

그럼 주로 어떤 방법으로 돈을 조달했을까요? 재무활동으로 인한 현금흐름의 세부항목을 살펴보면 장기차입금 및 사채의 차입을 통해 약 2조 3천억 원을 조달했음을 확인할 수 있습니다. 그리고 기타의 재무활동으로부터는 대부분 현금유출이 발생했습니다. 따라서 이 기업의 주요 자금조달원이 장기차입금 및 사채임을 알 수 있습니다.

현금흐름표

제 53 기 2020.01.01 부터 2020.12.31 까지
제 52 기 2019.01.01 부터 2019.12.31 까지
제 51 기 2018.01.01 부터 2018.12.31 까지

(단위 : 백만 원)

	제 53 기	제 52 기	제 51 기
영업활동으로 인한 현금흐름	6,093,376	4,654,511	1,659,219
영업으로부터 창출된 현금흐름	5,965,877	3,809,833	1,367,025
당기순이익	526,975	2,767,666	374,888
조정	6,165,377	3,514,418	4,134,903
영업활동으로 인한 자산 · 부채의 변동	(726,475)	(2,472,251)	(3,142,766)
이자의 수취	204,924	277,444	360,805
이자의 지급	(93,509)	(132,884)	(142,051)
배당금의 수취	341,702	1,150,356	691,099
법인세의 지급	(325,618)	(450,238)	(617,659)
투자활동으로 인한 현금흐름	(6,612,910)	(3,928,537)	(769,633)
단기금융상품의 순증감	1,178,553	3,360	44,893
기타금융자산(유동)의 순증감	(2,274,951)	487,320	2,603,653
기타채권의 증가	(19,181)	(31,902)	(39,961)
기타채권의 감소	27,231	30,066	70,027
장기금융상품의 증가	(5,095)	(3,366)	
장기금융상품의 감소	6,295	2,825	42
기타금융자산(비유동)의 증가	(42,876)	(555,791)	(74,760)
기타금융자산(비유동)의 감소	2,232	1,261	82,823

유형자산의 취득	(2,328,781)	(1,776,500)	(1,993,920)
유형자산의 처분	89,925	57,168	79,133
투자부동산의 처분		4,344	
무형자산의 취득	(1,509,715)	(1,491,369)	(1,442,606)
무형자산의 처분	2,759	1,683	1,140
매각예정 비유동자산의 처분		43,830	
종속기업, 공동기업 및 관계기업투자의 취득	(1,744,297)	(701,466)	(100,097)
종속기업, 공동기업 및 관계기업투자의 처분	4,991		
재무활동으로 인한 현금흐름	609,504	(538,177)	(803,405)
단기차입금의 순증감	(108,222)	1,042,608	728,055
장기차입금 및 사채의 차입	2,307,347		
유동성장기부채의 상환	(231,560)		
장기차입금 및 사채의 상환	(200,000)		
리스부채의 상환	(64,505)	(59,438)	
자기주식의 취득	(303,077)	(458,031)	(454,735)
배당금의 지급	(790,479)	(1,063,316)	(1,076,725)
현금및현금성자산의 환율변동효과	(1,980)		
현금및현금성자산의 증가(감소)	87,990	187,797	86,181
기초의 현금및현금성자산	382,000	194,203	108,022
기말의 현금및현금성자산	469,990	382,000	194,203

*출처 : 현대자동차 사업보고서, 2021.

운전자본 :

사업을 하다보면 잠기는 돈이 있다?

현금흐름표에서는 우선 '운전자본의 변화'를 확인해야 합니다. '운전자본'은 사람마다 정의가 조금씩 다르긴 하지만, 일반적으로는 '매출채권+재고자산-매입채무'로 정의합니다. 즉, 영업활동을 하면서 자연스럽게 발생하는 자산에서 부채를 뺀 금액으로, '자산-부채'이기 때문에 '자본'이라고 부르는 것이죠.

:: 간접법과 직접법에 의한 운전자본분석

다음 쪽 표는 일반기업회계기준의 '영업활동으로 인한 현금흐름' 표준 양식입니다.

좌측 표는 당기순이익(손실)에서 출발하여 현금의 유출이 없는 비용

| 영업활동으로 인한 현금흐름 표준양식 |

〈간접법〉

과　　　　목	당 기	전 기
영업활동으로 인한 현금흐름	×××	×××
당기순이익(손실)	×××	×××
현금의 유출이 없는 비용등의 가산		
감가상각비	×××	×××
퇴직급여	×××	×××
현금의 유입이 없는 수익등의 차감		
사채상환이익	×××	×××
영업활동으로 인한 자산·부채의 변동		
재고자산의 감소(증가)	×××	×××
매출채권의 감소(증가)	×××	×××
이연법인세자산의 감소(증가)	×××	×××
매입채무의 증가(감소)	×××	×××
당기법인세부채의 증가(감소)	×××	×××
이연법인세부채의 증가(감소)	×××	×××

〈직접법〉

과　　　　목	당 기	전 기
영업활동으로 인한 현금흐름	×××	×××
매출등 수익활동으로부터의 유입액	×××	×××
매입 및 종업원에 대한 유출액	×××	×××
이자수익 유입액	×××	×××
배당금수익 유입액	×××	×××
이자비용 유출액	×××	×××
법인세의 지급	×××	×××

등을 더하고 현금의 유입이 없는 수익 등을 차감한 후 영업활동으로 인한 자산·부채의 변동을 더해주는 방식으로 작성되어 있습니다. 이러한 작성방식을 '간접법'이라고 하는데, 당기순이익과 영업활동으로 인한 현금흐름이 왜 차이가 나는지를 차근차근 설명해주는 방식이라고 할 수 있습니다.

우측 표의 경우 현금의 유입이나 유출이 발생한 직접적인 원인이 정리되어 있습니다. 이를 '직접법'이라고 하는데, 직관적으로 이해하기는 쉽지만 기업실적을 분석하는 데는 오히려 불편함이 있습니다.

예를 들어 2가지 양식을 기준으로 운전자본의 변화를 분석한다고 가정해보겠습니다. 이 경우 좌측 간접법 양식에서는 색상 박스로 표시된 '재고자산의 감소(증가), 매출채권의 감소(증가), 매입채무의 증가(감소)' 3가지 항목의 값을 더해주면 됩니다. 현금이 증가한 대신 자산이 감소하거나 부채가 증가한 것이기 때문에, 자산의 감소와 부채의 증가가 (+) 값으로 표시됩니다. 상장기업의 현금흐름표에서는 재고자산 등 각 항목의 내용이 생략되는 경우가 있는데, 이런 경우는 영업활동으로 인한 자산·부채의 변동을 운전자본의 변화로 봐도 무방합니다. 일반적으로 법인세 관련 항목의 변동은 자산·부채의 변동에 미치는 영향이 미미하기 때문입니다.

반면에 우측 직접법 양식에서는 운전자본을 확인할 방법이 없습니다. 다만 매출 등 수익활동으로부터의 유입액에서 매입 및 종업원에 대한 유출액을 뺀 금액으로 유추해볼 수는 있습니다. 그렇지만 실제 운전자본과는 차이가 나기 때문에 재무상태표의 전기와 당기의 운전자본 항목(매출채권, 재고자산, 매입채무)을 비교하여 직접 계산해야 합니다.

: : 운전자본이 중요한 이유

운전자본이 중요한 이유는, 영업실적은 좋은데 부도가 나는 소위 '흑자도산'이 대부분 이 운전자본에 문제가 생겨서 발생하기 때문입니다. 예를 들어 매출은 급격히 증가했는데 대부분 외상으로 팔았다면 기업에 현금이 들어오지 않습니다. 여기에 호황기에 팔겠다고 몇 달치의 재고자산까지 쌓아두었다면 현금부족 상황은 더욱 심각해집니다. 이런 이유로 흑자도산을 하게 되는 것이죠.

실제로 창업한 지 얼마 안 되는 중소기업이 호황기를 한 번 거치면 매출채권과 재고자산 관리에 매우 둔감해집니다. 매출채권은 언젠가는 들어올 돈이고, 재고자산이 좀 쌓이더라도 경기가 풀리면 한방에 팔릴 거라고 믿기 때문이죠. 물건이 없어서 못 파는 경험을 해봤다면 이런 경향이 더 강해집니다.

필자가 신용평가 일을 할 때도 이런 사례를 많이 봤습니다. 이익은 꾸준히 발생하지만 운전자본 증가로 인해 영업활동으로 인한 현금흐름이 좋지 않았던 상장기업들이 몇 년 후 부도가 나는 사례들이죠. 이를 현금흐름 관점에서 보면, 차라리 쌓아둔 재고가 없어서 못 파는 상황이 앞으로 팔릴 것을 예상해 재고를 잔뜩 쌓아둔 상황보다 훨씬 낫다고 할 수 있습니다.

또한 자사뿐 아니라 거래선의 현금흐름 안정성이 유지되고 있는지도 주기적으로 확인하고 관리할 필요가 있습니다. 만약 거래선이 이익은 꾸준히 발생하는데 영업상 현금흐름에 문제가 있다고 판단된다면 향후 거래에 주의할 필요가 있습니다. 만일 거래선의 현금흐름에 문제가 생겨 자사가 매출채권을 회수하지 못하면, 이 역시 운전자본 관리 실패로 인한 흑자도산의 위험이 되기 때문입니다.

현금흐름표 없이 사업건전성 비교가 가능하다?

'EBITDA'는 Earnings Before Interest, Taxes, Depreciation & Amortization의 약자로, 그대로 번역하면 '이자, 세금, 감가상각 그리고 감모상각 차감 전 순이익'이 됩니다. 그럼 이게 무슨 의미가 있을까요?

앞에서 언급했듯이 영업상 현금흐름은 기업의 사업건전성을 확인하는 데 유용한 지표입니다. 그렇지만 기업실적을 비교할 때는 주로 손익계산서를 사용하기 때문에 현금흐름표를 확인하는 작업은 다소 번거로운 측면이 있습니다.

또한 현금흐름표의 영업활동으로 인한 현금흐름 항목 중 '운전자본의 변동'은 기업마다 상황이 달라 개별기업의 재정안정성을 분석하는 데는 유용할 수 있어도 기업 간 비교에 있어서는 다소 부적절할 수 있습니다. 그래서 손익계산서의 영업이익 항목에 현금이 유출되지 않는 대표적인 비용항목인 감가상각과 감모상각(무형자산상각으로 보면 됩니다)

을 더해준 EBITDA를 기업의 영업을 통한 현금창출 능력을 나타내는 지표로 활용합니다. 이렇게 하면 현금흐름표를 확인하지 않고도 편리하게 기업 간 비교를 할 수 있습니다.

특히 상장기업의 실적을 분석할 때의 실적지표로는 매출액 대비 영업이익(영업이익률)보다 매출액 대비 EBITDA를 더 많이 활용합니다.

프리 캐시 플로우(Free Cash Flow) :

이익이 실제 기업이 쓸 수 있는 돈이 아니라고?

통상 손익계산서상의 '당기순이익'을 '올해 장사해서 번 돈'이라고 생각합니다. 과연 그럴까요? 실상은 그렇지 않습니다. 앞에서 설명한 운전자본에 돈이 묶이는 경우도 있고, EBITDA에서 확인했듯이 감가상각 등 실제로 돈이 지출되지 않지만 비용으로 인식하는 경우도 있습니다. 반대로 건물, 토지 등 유형자산에 대규모 투자를 해서 자금이 빠져나갔지만 그 중 일부만 비용(감가상각비)으로 인식하는 경우도 있습니다.

그럼 실제로 올해 기업이 번 돈은 어떻게 구할 수 있을까요? 바로 '프리 캐시 플로우(Free Cash Flow)'를 보면 알 수 있습니다. 프리 캐시 플로우는 말 그대로 기업이 '자유롭게 쓸 수 있는 현금규모'를 말합니다.

간단히 말해 프리 캐시 플로우는 '영업으로 인한 현금흐름'에 '투자로 인한 현금흐름'을 더하면 구할 수 있습니다. 이때 통상 투자로 인한 현금흐름은 (−) 값을 나타내기 때문에, 이해하기 쉽게 프리 캐시 플로우를 '영업으로 벌어들인 돈에서 사업을 위해 투자한 돈을 뺀 것'이라고 표현합니다. 그 결과 남는 돈이 있다면 말 그대로 '자유롭게 쓸 수 있는 현금'이 되겠죠.

: : 프리 캐시 플로우가 중요한 이유

그럼 기업에 있어서 프리 캐시 플로우가 왜 중요할까요? 기업의 목적은 '이윤창출'이라는 말을 많이 들어봤을 것입니다. 이 이윤을 손익계산서에서는 이익으로 표현하지만, '자금을 운영하는 관점'에서는 프리 캐시 플로우를 '이윤'으로 볼 수 있습니다. 결국 기업활동을 통해 얻는 이윤은 바로 '매년의 프리 캐시 플로우'라고 보는 것입니다.

예를 들어 올해 영업으로 돈을 벌었어도 사업을 위해 기계를 사는 데 번 돈 이상을 써야 한다면 돈을 벌었다 라고 할 수 없을 것입니다. 이런 측면에서 프리 캐시 플로우는 기업이 창출하는 이윤을 가장 정확히 나타내는 지표라고 할 수 있습니다. 그래서 통상 기업의 가치를 매년 창출할 것으로 예상되는 프리 캐시 플로우를 기준으로 측정하는 것입니다.

분식회계

1998년 IMF 구제금융 하에서 많은 기업이 도산했는데, 당시 여러 기업이 분식회계를 통해 매출이나 이익을 부풀린 사실이 드러나 많은 경영진이 법의 심판을 받았습니다. 또한 외형성장에 집착한 많은 기업이 부실한 내부 상황을 그럴듯하게 부풀리고, 이를 토대로 대출을 일으켜 투자했다가 결국 경제위기를 버티지 못하고 자금경색에 이르기도 했습니다. 기업들의 이런 행태로 인해 우리나라가 경제위기에 봉착했다는 분석도 여러 언론에서 볼 수 있었습니다.

분식회계라는 한자어를 그대로 풀어 쓰면 '분칠하고 장식해서 재무제표를 보다 그럴듯하게 만든다'라는 의미가 됩니다. 회계감사가 강화되면서 많이 줄기는 했지만, 회계감사를 받는 중견기업들은 여전히 분식회계의 유혹에 노출되어 있다고 할 수 있습니다.

실무에 도움이 되는 회계에 대해 설명하다가 왜 굳이 실사를 해야 알 수 있는 분식회계에 대해 언급하는지 이해되지 않을 수 있습니다. 그렇지만 분식회계는 비록 겉으로 드러나지 않더라도 모든 기업이 여전히 명시적·묵시적으로 유혹을 받고 있는 이슈입니다. 또한 우리 기업이 분식회계를 하지 않더라도, 거래처가 분식회계로 인해 도산하는 등의 문제가 생기면 결국 우리 기업이 매출채권을 받지 못하는 위험에 처할 수도 있습니다. 따라서 여기서 분식회계에 대한 해결책을 제시하지는 못하더라도 언급할 필요는 있다고 생각해서 간단히 정리해보려고 합니다.

: : 대표적인 분식회계 사례

분식회계는 꼭 경영자의 부도덕성으로 인해 발생하지는 않습니다. 일선 현장의 영업맨들이 조금이라도 실적을 높이기 위해 인위적으로 매출을 늘리는 과정에서도 유사 사례가 빈번히 발생합니다. 예를 들면 분식회계까지는 아니지만, 영업맨들이 연간 영업목표를 달성하기 위해 연말에 소위 밀어내기를 하는 사례가 많이 일어납니다. 참고로 여기서 '밀어내기'는 기업의 매출을 늘리기 위해 납품을 원하지 않은 판매채널에 재고를 떠넘기는 행태를 말합니다.

가장 흔하게 발생하는 분식회계 사례는 '매출 늘려 잡기'입니다. 원하는 매출규모에 미달했을 때 매출과 매출채권을 늘려 잡으면 그야말로 일석이조입니다. 매출이 늘어날 뿐 아니라 매출만큼 이익도 늘어나기 때문이죠. 이를 분개하면 다음과 같습니다.

차변) 매출채권 XXX   대변) 매출 XXX

위와 같이 자산과 수익만 늘어나고 비용이나 부채가 전혀 발생하지 않는 상황이 만들어집니다. 결과적으로 대차대조표나 손익계산서상으로는 아주 그럴듯한 모양을 만들었지만, 실제로 현금이 들어오지는 않습니다. 그럼 이런 상황이 어디에서 티가 날까요?

바로 '현금흐름표'입니다. 매출이 늘어난 만큼 현금이 들어오지 않았으므로 영업상 현금흐름에 부정적 영향을 줄 수밖에 없습니다. 영업상 현금흐름은 당기순이익에서 출발하여 당기순이익과 영업에서 벌어들인 현금흐름에서 차이 나는 부분을 조정합니다. 예를 들어 당기순이익이 100원인데 매출채권이 150원 늘어났다면 영업상 현금흐름은 오히려 (−)가 됩니다. 현금흐름상으로는 돈을 벌었다고 할 수 없는 상황이 되는 것이죠. 이처럼 매출이 크게 늘어났는데, 매출채권이 매출 못지않게 늘어나 전년보다 영업상 현금흐름이 오히려 나빠졌다면 분식회계를 의심할 수 있는 정황이라고 볼 수 있습니다.

또 매출이 늘어나고 현금흐름도 나빠졌는데, 매출채권은 전년과 크게 차이가 나지 않는 경우가 있습니다. 이 경우에는 대여금을 포함한 다른 자산을 눈여겨볼 필요가 있습니다. 분식을 하다 보면 경영자나 회계담당자도 매출채권이 늘어나는 것이 눈에 거슬리고 티가 난다는 사실을 알게 됩니다. 따라서 이런 경우 매출채권 대신 다른 항목을 늘리게 됩니다.

이때 가장 조정하기 쉬운 항목 중 하나가 '대여금'입니다. 특히 주주 등 특수관계자에 대한 대여금은 회계감사를 받더라도 특수관계자들이 실제와 다르다는 사실을 알면서도 기업으로부터 빌린 것이 맞다고 하면 문제가 되지 않을 수 있습니다. 대여금 중 '주주, 임원, 종업원 대여금'이 매출채권을 줄이는 수단으로 이용될 가능성이 높다고 보는 이유입니다.

:: 거래처 분식회계에 대처하는 방법

이처럼 의심 갈 만한 상당한 사유를 찾아낼 수도 있지만, 현실적으로는 재무제표를 보고 분식을 찾아내기는 매우 어렵습니다. 특히 분식이 장기간에 걸쳐 조직적으로 이루어졌을 때는 이를 찾아내기가 불가능에 가깝습니다.

다만 위와 같은 경우 경기변동과 해당 기업의 실적을 비교해봄으로써 심증을 가져볼 수는 있습니다. 장기간에 걸쳐 분식을 한 기업은 경기의 영향을 거의 받지 않는다는 특징이 있기 때문이죠. 예를 들면 경기가 안 좋은데 해당 기업의 영업이익률은 개선되었거나 매출이 오히려 증가하는 경우도 있고, 또 이러한 분식내용을 감추기 위해 경기가 좋을 때 오히려 재무제표상으로 이익규모가 줄어드는 사례도 나타납니다. 이런 관점에서 경기에 상관없이 기업이 지나치게 안정적인 수익성을 유지하는 형태도 긍정적으로만 볼 수는 없습니다.

기업의 안정성 측면에서는 위에서 설명한 관점에서 거래선의 분식여부를 가늠해보고, 이로 인한 거래선의 도산 등으로 갑작스런 피해를 입을 가능성이 있다고 판단된다면 거래를 회피하는 방법도 고려해봐야 합니다. 물론 현실적으로는 장기간의 거래관계, 매출유지 필요성 등의 이유로 분식이 의심된다고 해서 거래관계를 중단하기가 불가능할 것입니다. 그렇지만 최소한 새롭게 거래를 시작하는 업체에 대해서는 재무제표상으로 현금흐름의 건전성을 확인할 필요는 있다고 생각합니다. 설사 분식회계를 하지 않았더라도 위에서 설명한 의심 가는 정황이 보인다면, 그 자체로도 해당 기업의 현금흐름 관리를 포함한 전반적인 운영상황이 건강하지 않다고 볼 수 있기 때문입니다.

CASH IS KING : 회계와 재무관리의 결정적 차이

회계와 재무관리는 돈을 다룬다는 점에서는 유사하지만 여러 차이가 있습니다.

가장 큰 차이는 재무관리에서는 '현금의 흐름'을 가장 중시한다는 것입니다. 앞에서 설명했듯이 '회계'에서는 현금이 오가는 것이 아닌 '실제 거래가 이루어진 것'을 더 중시합니다. 물건을 팔고 현금을 받지 않았더라도 나중에 주겠다는 약속만 받으면 매출로 인식하죠. 반면에 '재무관리'에서는 현금이 들어오거나 나가는 자금흐름을 기준으로 모든 평가를 합니다. 이런 측면에서 'Cash is King'이라는 말이 재무관리의 기본사상을 설명하는 대표적인 명제라고 볼 수 있습니다.

또 다른 차이점은 재무관리에서는 현금의 가치를 '시간에 따라 달리 평가한다'라는 것입니다. 예를 들어 내년에 들어올 현금은 '할인'을 합니다. 왜 그럴까요? 우선 올해 기업에 들어온 돈 중에서 남는 것이 있다면, 이를 은행에 예금을 하더라도 이자가 붙습니다. 예금 이자율이 1%라면 100원을 은행에 예금하면 1년 뒤 101원을 받게 됩니다. 이런 측면에서 올해의 100원은 1년 뒤에 받을 100원보다 확실히 가치가 더 크죠.

시간에 따른 현금의 가치를 달리 평가하는 또 다른 이유는 '불확실성'과 '위험'이 존재하기 때문입니다. 단적인 예로 거래처에서 1년 뒤에 주기로 한 물건값을 안 주고 도망갈 수도 있으니까요. 따라서 1년 후에 받을 현금은 지금 내 손 안에 가지고 있는 현금처럼 '확실한 가치'가 아닙니다.

이러한 회계와 재무관리의 차이를 나누는 교차점이 바로 '현금흐름표'입니다. 현금흐름표를 통해서 현금흐름의 중요성과, 이익과 현금흐름의 차이점을 이해한다면 7장과 8장에서 다루는 사업성평가나 기업가치평가를 이해하는 데 도움이 될 것입니다.

7장

이 사업은 정말
우리가 할 만한 것일까?

사업성평가 :

정말 시장에 뛰어들 만한 사업일까?

7장에서는 재무관리영역 중 새로운 시장 또는 사업에 진출할 만한 지를 평가하는 '사업성평가'에 대해 살펴보겠습니다. 사업성평가를 해보면 회계와 재무관리 간의 연결고리를 이해할 수 있고, 8장에서 설명할 기업가치평가를 위한 기본적인 프레임워크를 세울 수 있습니다.

:: 잠재시장규모 추정

사업성평가의 출발점은 '잠재시장규모 추정'입니다. 시장규모 자체가 작으면 아무리 사업을 열심히 해봐야 돈을 벌 수 없기 때문이죠. 이런 측면에서 잠재시장을 최대한 정교하고 다소 보수적으로 추정하는 것이 사업성평가의 출발점이 됩니다. '잠재시장'은 통상 다음 3가지로 구분할 수 있습니다.

- TAM(Total Addressable Market) : 총가용시장
- SAM(Service Available Market) : 유효시장
- SOM(Service Obtainable Market) : 수익시장

'TAM'은 물건을 파는 데 아무 제약이 없다고 가정할 때, 즉 물건을 살 만한 모든 사람에게 팔 수 있다고 가정하고 산정한 시장이라고 보면 됩니다. 'SAM'은 실제로 구매의사가 있는 사람들(기업대상(B2B) 사업이라면 수요기업들)에게 팔 수 있다고 가정하고 산정한 시장, 즉 '실제 시장규모'라고 할 수 있습니다. 'SOM'은 SAM 중에서 실제로 우리 기업이 팔 수 있는 시장을 말합니다.

예를 들어 신발을 판다면, TAM은 신발이 뭔지 모르고 맨발로 다니는 사람들까지 포함한 시장을, SAM은 신발을 신고 다니면서 신발을 살 의사가 있는 사람만을 산정해서 계산한 시장을, SOM은 내가 발품 팔아서 팔 수 있는 우리 동네 안에서 신발을 살 만한 사람들을 추정해서 산출한 시장을 의미한다고 볼 수 있습니다.

이와 같은 시장규모 개념이 중요한 이유는, 대부분의 기업이 'TAM'을 염두에 두고 사업을 시작하지만, 실질적으로 내가 돈을 벌 수 있는 시장은 'SOM'이기 때문입니다. 따라서 사업을 시작할 때는 시장규모를 TAM부터 시작해서 SOM까지 냉정하게 산출해봐야 사업성평가를

위한 제대로 된 접근이라고 할 수 있습니다. 그 결과 TAM이 무지막지하게 크더라도 SOM이 작다면 사업을 하지 말아야겠죠.

02

가격결정과 매출추정 :

사업을 하면 돈이 매년 얼마나 들어올까?

시장규모를 산출하고 나서는 맨 먼저 '매출추정', 즉 '매년 얼마나 벌 수 있을지를 추정'해야 합니다. 실제 사업성이 있는지 여부에 가장 영향을 많이 미치는 요소가 바로 매출추정입니다. 비용 등 다른 요소들은 매출규모에 영향을 많이 받기 때문에 매출추정이 사업성평가 모델 정확성의 70% 이상을 차지한다고 해도 과언이 아닙니다.

이때 막연한 추정은 결국 잘못된 예측결과를 만들어낼 수 있으므로, 사업성평가를 할 때는 매출추정을 가장 신중히 결정해야 합니다. 이를 위해서는 이 정도면 되겠지 하는 가정보다는, 매출의 각 요소를 가능하면 '세분화'해서 추정하는 방식이 바람직합니다.

::수요와 원가를 고려한 가격과 예상 판매수량의 결정

우선 매출은 '가격×판매수량'으로 결정됩니다. 2가지 결정요인 중 먼저 가격부터 살펴보겠습니다. 만일 이미 우리 기업이 만든 것과 유사한 제품이 시장에 나와 있고, 이를 그대로 따라간다면 기존에 형성된 가격을 그대로 사용하면 됩니다. 반면에 기존 제품이 없는 경우에는 다음 2가지 접근방식의 결과를 비교해서 가격을 결정해야 합니다.

① 수요 측면 접근(Top-Down Approach)
② 원가 측면 접근(Bottom-Up Approach)

① 수요 측면 접근방법

'수요 측면 접근방법'에서는 먼저 '사용자의 지불의사'를 확인해야 합니다. 이때는 가장 많은 사람이 적정하다고 생각하는 수준이 아닌, '매출규모를 가장 크게 할 수 있는 가격'이 최적의 가격이라고 봅니다.

시장에 나오는 신제품의 경우 사용자(구매자) 입장에서 가격이 턱없이 높게 책정된 경우도 있고, 반대로 매력적인 경우도 있습니다. 이때 통상적으로는 사용자가 '약간 비싸게 느낄 정도'의 가격이 가장 적당합니다. 실제로 가격과 이에 따른 판매수량의 변화에 따른 매출금액을 시뮬레이션으로 계산해보면, 다음 그래프처럼 많은 사람이 적정하다고 생각하는 가격보다 약간 높은 수준에서 매출이 가장 높게 나오는 경우가 많습니다.

| 가격에 따른 매출규모 |

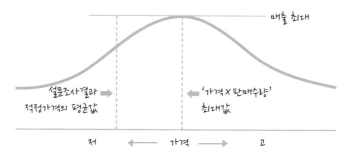

가격에 대한 고객반응을 알아볼 때는 시장조사를 거치는 방법이 가장 바람직합니다. 이러한 시장조사방법으로는 크게 '설문조사'와 '포커스 그룹 인터뷰(FGI, Focus Group Interview)'가 있습니다.

'설문조사'는 높은 가격부터 점차 낮춰가면서 구매 여부를 묻는 방식이 가장 일반적으로 사용됩니다. 또한 '포커스 그룹 인터뷰'를 통해 어느 정도 가격이 적정한지, 왜 그렇게 생각하는지를 고객들에게 직접 묻는 방법을 사용할 수도 있습니다.

필자는 '설문조사'가 가장 정확한 결과값을 얻을 수 있는 방법이라고 생각합니다. 포커스 그룹 인터뷰(FGI)의 경우 전체 수요계층을 대표하는 조사가 아니어서 아무래도 조사대상에 따라 신뢰도 차이가 날 수 있기 때문입니다. 또한 설득력이 뛰어난 조사 대상자의 의견을 따르는 경우도 종종 생깁니다.

② 원가 측면 접근방법

'원가 측면 접근방법'에서는 일반적으로 '원가에 일정 마진을 보장하는 방식'으로 가격을 정합니다. 여기서의 원가는 통상적으로 직접재료비와 직접노무비를 더한 직접원가(즉, 변동비) 항목을 말합니다. 고정비와 준고정비 항목은 투자규모에 영향을 받는 경우(예 : 임대료)가 많기 때문에 주로 예상 판매수량이 정해진 후에 산정합니다. 이때 다이슨 같은 프리미엄제품을 지향하는 기업은 원가보다 훨씬 높은 가격을 설정하기도 하지만, 대체로 원가에 기존 제품수준의 마진을 얻는 정도에서 결정하는 경우가 많습니다.

위의 2가지 접근방법으로 얻은 적정 가격수준이 어느 정도 일치하면 좋겠지만 큰 차이가 발생하기도 합니다. 이런 경우에는 다음 그림처럼 수요 측면 접근방법으로 정한 가격과 가장 근접한 한계이익을 보장하는 수준에서 가격을 설정하고, 이것을 기준으로 사업성이 있는지를 살펴봐야 합니다.

적정 가격범위(통상 원가를 상회하는 것을 기본조건으로 하고, 목표이익을 달성할 수 있는 가격수준과 매출을 최대로 하는 가격수준을 고려하여 결정)가 결정되면

| 수요(Top Down) 및 원가(Bottom Up) 측면 접근방법의 종합적인 방법 |

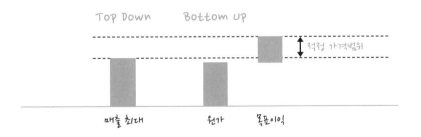

해당 범위 안에서 최적가격(통상은 목표이익 달성 가격)을 결정하고, 설문조사결과 혹은 자체 예측(기존 사업의 시장점유율 등 고려)을 반영하여 예상 판매수량을 결정합니다.

: : 예상 판매수량에 따른 비용 및 투자규모 산정

위와 같은 방법으로 최적가격과 예상 판매수량을 정한 후 이에 따른 비용을 산정하게 됩니다. 앞에서 설명했듯이 통상 비용은 판매수량이 늘어나면 같은 비율로 늘어나는 '변동비', 일정 범위 내에서는 동일한 금액이지만 특정 시점부터 판매수량 등에 따라 변동하는 '준변동비', 일정 범위 이후 일정한 비율로 커지는 것이 아닌 계단식으로 증가하는 '준고정비', 판매수량과 상관없이 일정하게 발생하는 '고정비'가 있습니다(211쪽 참조).

그런데 비용별 추정을 하다 보면 대부분 판매수량과 비례하도록 추정하는 경우가 많은데, 최대한 준고정비와 고정비 성격의 비용을 별도로 구분해놓아야 추후 손익분기점분석이나 민감도분석을 통해 의미 있는 결과를 얻을 수 있습니다.

위와 같이 매년의 예상 매출규모가 결정되면 중기적으로 필요한 소위 Capa(제조가능 물량)를 결정할 수 있고, 여기에 따라 투자규모를 추정하게 됩니다. 이때 투자규모의 경우 통상 예상치 못한 투자지출 가능성까지 고려하여 실제보다 다소 부풀려서 산정하는 경우가 많습니다.

실제로 막상 투자를 하게 되면 경기변동 등에 따라 예상보다 투자규모가 늘어나는 경우가 다반사이기 때문에 20~30% 여유를 두고 산정하는 것이 바람직합니다.

: : 사업상 현금흐름 계산

이렇게 매출, 비용, 투자금액을 산정한 다음 '사업상 현금흐름'을 계산하려면 추가적으로 '운전자본규모'를 감안해서 반영해야 합니다. 앞에서 설명한 대로 '매출채권+재고자산−매입채무'를 운전자본이라고 할 때 (228쪽 참조), 원재료 등을 구매한 매입채무보다 매출채권 규모가 크기 때문에 재고자산을 감안하지 않더라도, 통상 '매출채권−매입채무'만큼 추가적인 현금부족이 생깁니다. 여기에 재고자산까지 포함하면 많게는 매출의 약 1/4에 해당하는 금액이 운전자금으로 묶이고, 그만큼 추가적인 현금이 필요하게 됩니다. 따라서 사업 첫해에는 발생하는 운전자본 전액을, 둘째 해부터는 운전자본 증가분을 현금흐름에 반영해줍니다.

위와 같이 현금흐름을 계산할 때 매출채권은 산정 매출액의 일정 비율로 산정하고, 재고자산과 매입채무는 매출원가를 기준으로 산정하는 경우가 있습니다. 물론 이런 산정방식이 합리적일 수 있지만, 해당 업종 혹은 기업의 통상적인 매출 대비 전체 운전자본규모가 얼마인지를 확인하여 이를 운전자본규모로 봐도 무방합니다.

그럼 다음 쪽의 계산식을 기준으로 위의 기본적인 추정방법을 고려

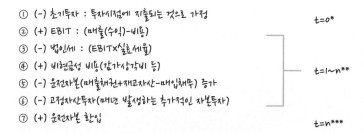

① (-) 초기투자 : 투자시점에 지출되는 것으로 가정   t=0*
② (+) EBIT : (매출(수익)-비용)
③ (-) 법인세 : (EBIT×실효세율)
④ (+) 비현금성 비용(감가상각비 등)   t=1~n**
⑤ (-) 운전자본(매출채권+재고자산-매입채무) 증가
⑥ (-) 고정자산투자(매년 발생하는 추가적인 자본투자)
⑦ (+) 운전자본 환입   t=n***

※초기투자를 제외하고는 매년 말 현금흐름이 발생하는 것으로 가정
※이자비용은 할인율에 반영되기 때문에 고려하지 않음

*t(기간)=0 : 현재 시점, 즉 투자를 최초로 집행하는 시점
**t=1~n : 매년 말 발생하는 현금흐름
***t=n : 사업성평가 대상 기간 또는 사업종료 시점

한 현금흐름 산출과정을 살펴보겠습니다.

① 초기투자

사업성평가는 기본적으로 초기투자, 즉 t=0일 때 하는 투자가 적정한지 여부를 판단하는 것입니다. 따라서 초기투자가 사업성평가의 기반이라고 할 수 있으며, 투자에 따라 현금이 지출되는 것이기 때문에 (−) 값으로 표현합니다.

초기투자는 주로 '대규모 고정자산투자'를 의미합니다. 단계적 설비확장을 가정하여 일정 기간 후에 재투자하는 것으로 가정하는 경우도 있지만, 대체로 대규모 고정자산투자는 초기투자를 할 때 1회만 이루어지는 것으로 가정하는 경우가 많습니다. 만약 투자가 여러 해에 걸쳐 진행된다면 최초 투자하는 금액만 t=0에서 이루어진 초기투자로 봅니다.

앞서 언급했듯이 현금흐름은 기중에 계속해서 발생합니다. 그렇지만 사업성평가를 할 때는 분석의 편의를 위해 매년 말(만약 각 기간을 1년이 아닌 6개월 등 별도의 기준을 잡아서 정한 경우는 각 기간 말)에 발생하는 것으로 가정합니다. 즉, 초기투자를 제외한 대부분의 현금흐름은 각 연도 또는 기간 말에 발생하는 것으로 보면 됩니다.

② EBIT

매년 말 발생하는 현금흐름의 출발점은 EBIT(Earnings Before Interest & Taxes)입니다(142쪽 참조). 앞서 설명했듯이 경영계획 등을 위해 사전에 영업이익을 예측하거나 추정할 때는 영업외수익이나 영업외비용을 고려하지 않기 때문에 사실상 EBIT가 영업이익과 같은 개념이라고 보면 됩니다.

③ 법인세

EBIT에 법인세가 부과되는 것으로 가정하며, 세율은 법정세율이 아닌 기업이 부담하는 '실효세율'을 적용합니다. 세금만큼 현금이 지출되는 것이기 때문에 차감, 즉 (−) 값으로 표현합니다.

④ 비현금성 비용

현금흐름에 대한 예측이므로 비용 중 감가상각비, 감모상각비 등 현금이 지출되지 않는 비용은 다시 더해줍니다.

⑤ 운전자본 증가

외상으로 팔았다면(매출채권) 그만큼의 현금은 내 손에 들어오지 않죠. 반대로 외상으로 사왔다면(매입채무) 현금이 나가지 않습니다. 운전자본이 늘면 그만큼 현금이 들어오지 않기 때문에 증가한 만큼을 차감(−)합니다(228쪽 참조).

⑥ 고정자산투자

매년 초기투자의 일정 비율을 보완적 투자형태로 지출하는 것으로 가정하는 경우도 있으며, 앞에서 설명했듯이 일정 시점에 추가적인 투자가 이루어지는 것으로 예상하는 경우 고정자산투자 금액을 차감(−)합니다.

⑦ 운전자본 환입

만약 n년(혹은 기간) 말에 사업을 종료하는 것으로 가정하면 그때까지 축적된 운전자본을 다시 현금화한다고 가정합니다. 현금이 들어오니 운전자본규모만큼 가산(+)해줍니다(유형자산 장부가액이 남아 있다면 유형자산 매각에 따른 현금유입도 가산(+)합니다).

다만 이러한 산정방식은 사업을 종료하면서 운전자본 금액만큼은 현금화한다는 가정에 따른 것인데, 현업에서는 잘 사용하지 않습니다. 왜냐하면 n년(혹은 기간)은 사업성평가 대상 기간의 종료시점일 뿐이지 사업을 종료하는 경우를 의미하는 것이 아니며, 만약 실제로 사업을 종료한다면 제 값 받고 재고자산을 팔기도 쉽지 않기 때문입니다.

03

현금의 시간가치 :

미래에 들어오는 돈의 가치는 어떻게 평가할까?

앞에서 언급했듯이 자금관리에 있어서는 '현금의 시간가치'를 고려해야 합니다. 즉, 미래의 현금흐름은 현재의 가치보다 낮다고 가정하고 일정한 할인율로 할인을 합니다. 예를 들어 100원을 5%의 이자율로 3년간 정기예금을 한다면 3년 뒤에는 115.8원(100원×1.053)이 됩니다. 이처럼 단순히 이론이 아니라, 현실적으로 미래의 100원보다는 현재의 100원의 가치가 크게 나타납니다.

그럼 현재의 100원은 언제쯤 2배의 가치가 될까요? 이와 관련해 자금관리하는 사람들이 가끔 언급하는 '72의 법칙'이란 것이 있습니다. 연 10%의 이자율로 예금할 경우 7.2년이면 원금의 2배로 커진다는 개념의 법칙이죠. 이를 기준으로 보면 이자율이 20%이면 2배가 되는데 3.6년, 5%이면 14.4년이 걸린다고 계산할 수 있습니다. 약간의 오차는 있지만 이 법칙을 적용하면 대체로 근접한 수치를 얻을 수 있습니다.

　이처럼 현재의 투자를 통해 미래에 현금을 창출하게 되는 '미래의 현금흐름'은 일정한 할인율로 할인해야 현재의 가치와 동일해집니다. 따라서 사업성평가를 통해 이 투자가 할 만한 것인지를 판단하는 경우에도 미래의 현금흐름을 할인해서 결정해야 합니다.

WACC(가중평균자본비용)

'WACC'는 Weighted Average Cost of Capital, 즉 '가중평균자본비용'의 약자로, 기업의 할인율로 가장 많이 활용하는 지표입니다(통상 '왝'이라고 읽습니다). WACC는 용어 그대로 자본비용을 가중평균한 것인데, 여기서 '자본비용'은 기업이 부채를 빌리거나 자기자본을 투자했을 때 충족시켜줘야 하는 '수익률'을 말합니다. 예를 들어 부채를 빌리면 고정된 이자비용을 내야 하는데, 이것이 기업 입장에서 수익률을 충족시켜야 하는 비용이 되는 것입니다.

'자기자본'은 이자를 내지 않으니 자본비용이 없다고 생각할 수 있습니다. 그런데 주주들이 주식을 사는 이유를 생각해보죠. 주주들은 예금보다 이익이 더 많이 날 수 있다는 생각으로 위험을 감수하고 주식투자를 합니다. 따라서 기업 입장에서 주주들을 만족시키려면 그들이 감수하는 위험을 고려해서 더 많은 이익을 안겨줘야만 할 것입니다.

이런 측면에서 자기자본비용은 다음과 같이 안정적인 금융기관에 예금했을 때 얻을 수 있는 이자율(무위험이자율)에 위험한 투자를 했을 때 기대하는 추가적인 이익(Risk Premium)을 더한 값이 되고, 결과적으로 부채비용보다 높아집니다.

- 자기자본비용＝무위험이자율＋리스크 프리미엄(Risk Premium)

  *리스크 프리미엄＝시장 리스크 프리미엄×Beta(기업가치의 시장 리스크에 대한 민감도)

부채를 빌림으로써 내는 이자비용은 비용으로 처리하므로 그만큼 순이익이 줄어듭니다. 그런데 기업 입장에서는 순이익이 줄어든 만큼 법인세를 내지 않게 되므로, 이자비용에 법인세율을 곱한 만큼 비용지출이 감소한다고 볼 수 있습니다. 따라서 부채비용은 다음과 같이 이자비용에서 이자비용에 따른 법인세를 뺀 금액이 됩니다.

- 부채비용＝이자비용×(1−법인세율)

이렇게 보면 부채비용과 자기자본비용과의 격차는 더 커집니다. 그렇기 때문에 기업, 특히 상장기업은 이렇게 높은 자기자본비용을 요구하는 주주들을 위해 노력해야 하고, 그렇지 않으면 주가가 떨어지고 추가적인 자금조달이 힘들어집니다.

주주들은 모든 기업에 동일한 리스크 프리미엄을 요구하지 않습니다. 예를 들어 수익창출이 경기에 더 민감한 영향을 받는 기업에 투자했다면 주주들은 경기가 좋을 때 더 많은 이익을 기대할 것입니다. 이와 같이 시장에서 요구하는 평균적인 추가수익률(시장 리스크 프리미엄) 대비 경기에 따른 수익률을 어느 정도 더 기대하는지를 나타내는 '자기자본가치의 민감도'를 'Beta'라고 합니다.

할 만한 사업인지 아닌지는 무엇으로 판단할까?

이제 본격적으로 사업성을 평가하는 단계에 들어왔습니다. 사업성을 평가하는 가장 손쉬운 방법은 '회수기간법'입니다. 투자한 후에 창출되는 현금유입으로 언제쯤 원래 투자했던 금액을 회수할 수 있는지 살펴보는 방법입니다. 즉, 누적 현금흐름이 0보다 커지는 시점을 추정해보는 것으로, 가장 직관적이고 1차적인 평가방법이라고 할 수 있습니다. 이런 평가부터 해봐야 어느 정도 감을 잡고 사업을 시작할 수 있습니다.

만약 소규모기업이고 자금이 충분하지 않다면 '3년 이내'에 투자원금을 회수할 수 있는 사업을 하는 것이 좋습니다. 사업 시작 후 3년이 넘어가면 경기변동 등 예측하지 못한 위험에 따라 기업이 기대하는 이익을 창출하지 못할 가능성이 커지기 때문입니다. 또한 같은 이유로, 소규모기업이 아니라도 투자원금 회수기간이 5년 내외의 범위를 넘지 않는 것이 바람직하다고 볼 수 있습니다.

: : 사업성평가를 위한 2가지 기준

회수기간을 추정한 다음에는 사업성평가를 위해 'NPV(Net Present Value, 순실현가치)'와 'IRR(Internal Rate of Return, 내부수익률)'이라는 2가지 기준을 사용합니다.

'NPV'는 적정 할인율로 매년의 현금흐름을 할인(통상 할인율 지표로 WACC(258쪽 참조)를 씁니다)했을 때 얻는 돈으로, 투자금액보다 얼마나 많은 돈을 벌 수 있는지를 계산한 결과입니다.

'IRR'은 투자원금과 매년의 현금흐름을 할인한 금액이 같아지도록 하는 할인율을 계산하는 것입니다. 예를 들어 사업을 위해 100만 원을 투자했고, 매년 들어오는 현금유입을 10%로 할인했을 때 100만 원이 된다면 IRR은 10%가 됩니다.

이론적으로는 NPV를 사업성평가에 적합한 방법으로 봅니다. NPV를 사용했을 때 투자를 통해 얻을 수 있는 기대효과를 금액으로 산출할 수 있고, 또 투자 이후 현금유입뿐 아니라 현금유입과 유출이 일어나는 복잡한 상황에서도 결과를 쉽게 구할 수 있기 때문입니다.

이에 비해 IRR의 경우 일종의 방정식을 푸는 셈이라 답이 없는 경우도 있을 수 있습니다. 그렇지만 실무적인 관점에서는 IRR이 보다 바람직한 평가방법이라고 할 수 있습니다. NPV는 할인율변동에 따라 사업성이 달라질 수 있는 반면, IRR은 누가 보더라도 명확한 수치로 떨어지기 때문이죠.

이때 IRR이 기업의 할인율인 WACC보다 0.1% 크다고 해서 투자하는 경우는 많지 않습니다. IRR이 통상적으로 추정할 수 있는 기업의 WACC(때로는 5~10%로 넓게 잡는 경우도 있습니다)보다 훨씬 클 때 투자하겠다는 의사결정을 내리게 되죠. 그래서 특정 할인율을 정해놓고 투자 대비 기대효과 금액이 얼마다 라고 얘기하는 NPV보다는 IRR이 평가 결과를 직관적으로 이해하기가 훨씬 쉽습니다.

예를 들어 기업의 WACC를 7%로 했을 때 NPV가 1,000만 원이라고 하면 투자 의사결정을 해야 하는 경영진에게서 'WACC가 6%일 때는? 8%일 때는?' 식의 추가 질문이 나올 수 있습니다.

반면에 WACC가 5~10%라고 하더라도 IRR이 15%라서 할인율(WACC)을 감당할 수 있는 좋은 투자안이라고 한다면 더 이상의 추가질문 없이 의사결정을 할 수 있습니다.

NPV vs. IRR

NPV와 IRR에 대해 좀 더 알고 싶은 독자들을 위해 내용을 보다 자세히 정리해보겠습니다. 우선 NPV를 산출하는 공식은 다음과 같습니다.

- $NPV = \dfrac{CF_1}{1+r} + \dfrac{CF_2}{(1+r)^2} + \cdots + \dfrac{CF_n}{(1+r)^n} - I_0$

  CF=각 기간의 현금흐름
  r=할인율
  n=기간
  I_0=초기투자

위와 같이 매년의 현금흐름(즉, 실현가치)에서 초기투자 금액을 차감하기 때문에 NPV를 '순실현가치'라고 합니다. 현금흐름과 초기투자가 금액으로 표시되어서 NPV 값도 금액으로 나타나기 때문에 투자에 따라 얼마나 벌 수 있는지에 대한 감을 잡을 수 있습니다.

또 2개 이상의 사업기회가 있을 때는 각각의 NPV 값을 따로 계산한 후, 이를 더해주기만 하면 2개 사업을 동시에 진행할 경우의 NPV가 됩니다.

만약 사업성평가 대상 기간 중간에 현금흐름이 (−)가 된다고 해도 계산하는 데는 아무 문제가 없습니다. 이런 측면에서 NPV는 이론적으로는 매우 우수한 평가방법이라고 할 수 있습니다.(뒤에 설명하겠지만 IRR에서는 합산이 불가능하며, (−)의 현금흐름이 있을 경우 IRR이 산출되지 않는 경우도 있습니다.)

한편, IRR은 앞서 설명했듯이 NPV를 0으로 하는 할인율을 말하며, 산식은 다음과 같습니다.

$$\cdot\ 0 = CF_0 + \frac{CF_1}{1+IRR} + \frac{CF_2}{(1+IRR)^2} + \cdots + \frac{CF_n}{(1+IRR)^n}$$

혹은

$$\cdot\ 0 = NPV = \sum_{n=0}^{N} \frac{CF_n}{(1+IRR)^n}$$

CF=각 기간의 현금흐름
n=각 기간
N=전체 투자기간

위의 산식에서 CF_0(투자하는 시점의 현금흐름)는 NPV 산식에서의 $-I_0$(초기투자)와 같습니다. 따라서 CF_0 대신 $-I_0$를 쓴다면, 첫번째 산식의 우변(등호 오른쪽 수식)은 NPV 산식의 우변과 동일하게 되어 결국 IRR은 2번째 식에서 표현한 것처럼 NPV를 0으로 만들어주는 할인율이 됩니다. IRR은 사실상 방정식을 푸는 것이어서 만약 현금흐름이 들쭉날쭉

하면 답이 없을 수도 있고, 추가적인 사업기회가 있어 종합적인 평가를 하고 싶다면 현금흐름을 더해서 다시 IRR을 계산해야 합니다. 또 만약 여러 개의 투자규모가 다른 투자안을 비교할 때는 투자규모와 그에 따른 NPV 차이까지 고려해야 하기 때문에 IRR만 가지고는 투자 의사결정을 할 수 없다는 단점이 있습니다. 하지만 현실에서는 이러한 단점이 적용되는 경우가 매우 드물기 때문에 실무적으로는 NPV보다 더 객관적이고 믿을 만한 평가방법이라고 할 수 있습니다.

시나리오분석·민감도분석 :

사업에 따른 위험을 미리 알 수 있을까?

앞에서 설명한 사업성평가의 결과로 나온 숫자를 절대적으로 신뢰할 수 있을까요? 사실 숫자 하나로 사업성을 평가할 수는 없다는 점은 모두 공감할 것입니다. 족집게 점쟁이도 아니고 미래의 사업성을 평가하기가 쉽지 않을 뿐 아니라, 시장상황 변동에 따라 얼마든지 결과가 바뀔 수 있기 때문이죠. 그렇기 때문에 사업성평가를 위한 모형을 만들고 나서는 변수를 변화시켜가면서 영향을 테스트해봐야 합니다.

이를 위해 통상 2가지 방식을 사용할 수 있습니다. 하나는 핵심 변수들을 동시에 바꿔서 낙관적, 중립적, 비관적 상황별로 수치를 설정하고 영향을 분석하는 '시나리오분석'이고, 다른 하나는 핵심 변수 1~2개만을 변화시켜가면서 영향을 분석하는 '민감도분석'입니다. 통상 민감도분석에는 사업성에 영향을 주는 가장 중요한 요소인 '가격'과 '판매수량'을 핵심 변수로 사용합니다.

사업성평가가 잘못되는 가장 큰 이유는 '평가자의 주관'에 따라 얼마든지 조정이 가능하다는 데 있습니다. 외부기관에 사업성평가를 의뢰하는 목적이 차후에 사업이 실패했을 때 전문가의 의견을 따른 것이었다고 항변하기 위한 면피용인 경우도 있다 보니, 사업승인을 받고자하는 주체가 무조건 사업성이 있는 것으로 만들어달라고 요청하는 상황도 자주 볼 수 있습니다. 이럴 경우 결과적으로 '사업성이 있다'라는 결과가 나올 수 있는데, 이로 인해 차후에 사업이 잘못되면 누가 이렇게 추정했는지에 대해 서로 갑론을박하며 책임을 미루게 됩니다.

: : 사업성평가의 궁극적 목적

필자는 사업성평가의 궁극적 목적이 사업성이 있다 또는 없다를 판단하여 사업성을 보장받거나 면피하는 데 있지 않고 '위험을 평가'하는 데 있다고 생각합니다. 즉, 사업성이 있더라도 경기상황이 예상과 다르거나 가격이나 판매량이 기대에 못 미칠 경우에, 그로 인한 영향을 얼마나 받게 될지를 평가하고, 그런 상황에 대한 대응방안까지 사전에 준비하는 데 목적이 있어야 합니다.

그렇기 때문에 시나리오분석과 민감도분석을 통해 주요 변수가 예측과 다른 결과가 나왔을 때의 영향을 평가하고, 이에 대해 어떻게 대책을 세울지 강구하는 것까지 완료해야만 제대로 된 사업성평가를 했다고 할 수 있습니다.

엑셀을 활용한 시나리오분석과 민감도분석

*시나리오분석 및 민감도분석 관련 엑셀 양식은 출판사 블로그(https://blog.naver.com/atlasbooks)에서 다운로드받을 수 있습니다.

시나리오분석은 통상 낙관적, 중립적, 비관적 3가지 시나리오에 따라 각 변수값을 정해서 분석하는 방법으로, 성장률·가격·수요 등 다양한 변수를 시나리오별로 정하게 됩니다. 민감도분석은 앞에서 설명한 대로 1~2개의 핵심 변수를 변화시켜가면서 영향을 분석하는 방법입니다. 따라서 이 2가지 분석방법도 앞에서 소개한 엑셀의 스크롤 막대 기능(219쪽 참조)을 이용하면 편리하게 결과를 분석할 수 있습니다.

:: 시나리오분석

1. 다음 그림처럼 ① '개발도구'의 '삽입'을 클릭한 후 ② 양식 컨트롤 메뉴 중에서 '콤보상자'를 선택합니다. ③ 그런 다음 엑셀 화면의 원하는 위치에서 마우스 왼쪽 버튼을 클릭한 상태에서 우측 아래로 스크롤해서 원하는 크기의 콤보상자를 만듭니다.

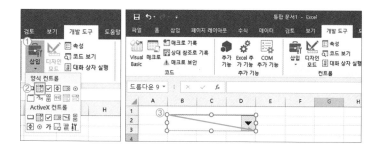

2. 220쪽 사례와 동일하게 콤보상자를 선택한 다음 마우스 오른쪽 버튼을 누르면 다음 좌측 상단 그림과 같은 메뉴가 나옵니다. 여기서 맨 아래 '컨트롤 서식'을 선택하면 다음 우측 그림과 같은 서식 박스가 나옵니다.

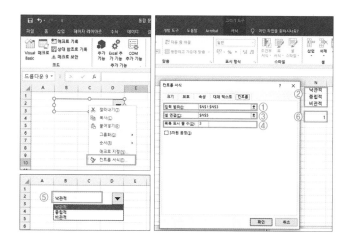

3. 위의 우측 그림처럼 ① '컨트롤 서식'에서는 '스크롤 막대'와는 다르게 '입력 범위'라는 메뉴가 나오는데 여기에 '입력 범위'를 지정하고,

② 지정한 셀들에 시나리오별로 정한 이름을 입력합니다. 앞의 그림에서는 N1~N3를 '입력 범위'로 지정했고, '낙관적, 중립적, 비관적' 3가지 시나리오를 가정했으므로 N1부터 차례로 낙관적, 중립적, 비관적을 입력합니다. 참고로 입력은 앞의 그림처럼 세로로만 가능하며, 가로로 차례대로 입력하면 첫 번째 열에 입력한 '낙관적'만 나타납니다.

③ 이렇게 입력한 후 선택한 값을 보여주는 셀을 지정합니다. 앞의 그림에서는 N5를 선택했습니다. ④ 그리고 나서 '목록 표시 줄 수'를 정합니다. 이때 '목록 표시 줄 수'만큼 화면에 표시되기 때문에 '입력 범위'의 셀 수보다 '목록 표시 줄 수'가 많으면 공란이 나타나고, 적으면 메뉴 중 일부가 보이지 않게 됩니다.

4. 자, 이제 시나리오를 선택해보겠습니다. ⑤ 콤보상자 위에서 왼쪽 마우스 버튼을 누르면 앞 쪽의 좌측 하단 그림과 같이 3개의 메뉴가 보이는데, 이 중 하나를 선택하면 됩니다. ⑥ 만일 '낙관적'을 선택하면 연결된 셀인 N5에는 '낙관적'이라는 단어가 아닌 숫자 '1'이 나옵니다.

왜 '낙관적'을 선택했는데 숫자 1이 나올까요? 시나리오분석을 하려면 시나리오별로 수식을 달리 적용해야 하는데, 이를 위해서는 통상 'IF'라는 함수를 활용합니다. 예를 들어 낙관적일 경우 100이라는 수치가 나오고 그렇지 않은 경우 0이 되는 함수를 만든다면 'IF(N5="낙관적",100,0)' 보다 'IF(N5=1,100,0)'이 훨씬 작성하기 편합니다. 그래서 내가 선택한 '낙관적'이라는 시나리오명이 아닌 숫자 '1'이 보여지도록 설정하는 것입니다.

참고로 269쪽 하단 우측 그림에서 'N5'로 설정한 '연결되는 셀'은 화면 밖에 있는 셀로 정해도 무방하지만, 시나리오에 따라 달라지는 변수를 여러 차례 사용해야 하기 때문에 가급적 그림처럼 화면 내에 보이는 위치에 정하는 것이 편리합니다.

:: 민감도분석

손익분기점분석을 할 때와 마찬가지로 ① '스크롤 막대'를 선택해서 ② 최대값과 최소값을 지정하고 ③ 결과치가 출력되는 셀을 '셀 연결' 항목에서 지정합니다.

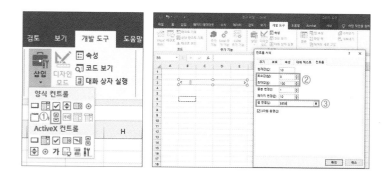

:: 시나리오분석과 민감도분석의 입력 수치 설정

시나리오분석에서는 시나리오에 따라 지정할 입력 수치를 정해야 합니다. 통상적으로 예측할 수 없거나 상황변화에 따라 크게 변동하는 핵심적인 수치를 시나리오분석에서 지정하게 됩니다. 대표적인 지표는 '매출수량'이 될 것입니다.

시나리오분석에서는 하나의 수치를 가지고 분석할 수도 있지만 몇 개의 수치를 동시에 지정할 수도 있습니다. 예를 들어 경기가 좋을 때는 판매수량이 늘기도 하지만 원재료 가격도 수요증가에 따라 높아질 수 있기 때문에 판매수량과 함께 원재료 가격을 시나리오별로 지정할 수 있습니다.

민감도분석은 중간값에 해당하는 수치를 기준으로 이 수치가 변동할 때의 영향을 파악하기 위해 사용합니다. 손익분기점분석과 같이 판매량 변동에 따른 손익의 변동을 확인하고 손익이 0이 되는 분기점을 찾는 것도 일종의 민감도분석이라고 할 수 있습니다.

:: 엑셀 양식 구성 사례

다음 쪽 그림을 보면 우측 상단(①)에 시나리오의 내용이 나와 있습니다. J6에서 J8까지가 입력 범위임을 알 수 있으며, 각 시나리오에 따른 첫해의 매출수량과 성장률이 지정되어 있습니다. 그 아래에는 '콤보상자(②)'가 있고, 현재는 '중립적'인 시나리오가 선택되어 있음을 확인할 수 있습니다.

그렇다면 앞에서 설명한 IF 함수에 따라 연결된 셀에 숫자 '2'가 나타날 텐데, 엑셀 화면에서 찾을 수 있나요? 바로 화면 상단의 색상 상

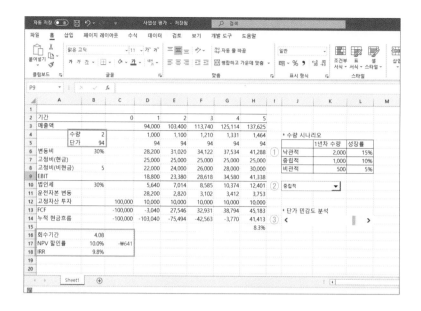

자로 표시한 B4 셀입니다. 첫해의 매출수량과 성장률은 이 B4 셀의 값을 참조하여 변경됩니다.

콤보상자 아래를 보면 '스크롤 막대(③)'가 있습니다. 스크롤 막대 위의 제목을 보면 '단가 민감도분석'이라는 제목이 붙어 있습니다. 단가 변화에 따른 전반적 실적의 변화를 확인하기 위해 '스크롤 막대'를 사용한 것입니다. 스크롤 막대에 따라 변화된 값은 상단의 색상 상자로 표시한 B5 셀로 연결됩니다. 이 B5 셀의 변화에 따라 매해의 실적뿐 아니라 NPV, IRR 등 사업성평가를 위해 사용하는 지표가 어떻게 변하는지도 확인할 수 있습니다.

이런 식으로 엑셀의 개발도구 기능을 사용하면 복잡한 시나리오분석이나 민감도분석을 보다 쉽게 활용할 수 있습니다.

:: 사업성평가를 위한 지표산출

① 회수기간

그럼 이번에는 앞의 그림 하단의 색상 상자로 표시한 사업성평가를 위한 지표를 산출하는 방법을 알아보겠습니다. '회수기간'은 누적된 현금흐름이 0이 되어 초기투자 자금을 회수할 때까지의 기간을 말합니다. 투자시점(기간 0)부터 매해의 FCF(프리 캐시 플로우)를 더해서 14행에 나와 있는 '누적 현금흐름'을 구합니다. 이를 통해 누적 현금흐름이 0보다 커지는 시점을 찾는 것이죠. 앞의 그림에서는 누적 현금흐름이 4년차까지는 (-) 값을 나타내다가 5년차에 가서 0보다 커진다는 사실을 알 수 있습니다.

5년차의 FCF 45,183원 중 FCF를 0으로 만드는 데 사용된 금액은 전년도 말까지 누적된 현금흐름 적자를 메우기 위한 3,770원입니다. 따라서 5년차 FCF인 45,183원의 8.3%(3,770원/45,183원)에 해당하는 3,770원만을 투자자금 회수를 위해 사용하면 됩니다. 결론적으로 '4년+0.08년'만큼 투자자금 회수에 소요된 것으로 추정하여 회수기간이 총 4.08년이 됩니다.

② NPV 및 IRR

NPV를 구하려면 엑셀 메뉴 중 '수식〉함수삽입'을 눌러서 '함수 마법사' 상자에서 'NPV'를 선택합니다.(함수 검색창에 'NPV'를 넣고 우측 검색 버튼을 누르거나, 함수 선택 메뉴 상자 안에서 스크롤해서 'NPV'를 선택해도 됩니다.)

이렇게 NPV를 선택하고 확인 버튼을 누르면 위의 좌측 그림과 같은 '함수 인수' 창이 뜹니다.

'함수 인수' 창에서 'Rate'에 할인율을 넣고, 'Value1'에 투자시점부터 마지막 해까지의 FCF를 넣어주면 됩니다. 앞의 엑셀 양식에서는 'C13:H13'이 되겠죠.

IRR은 더 간단합니다. 먼저 엑셀 메뉴 중 '수식〉함수삽입'을 눌러서 '함수 마법사' 상자에서 'IRR'을 선택합니다. 그리고 나서 위의 우측 그림처럼 Values에 'C13:H13'을 입력하면 IRR 값을 계산해줍니다. 이와 같이 NPV와 IRR의 개념만 알면 결과값을 얻는 데 전혀 어려움이 없습니다.

위와 같이 엑셀 프로그램은 회계와 재무분석에 있어서 많은 편의를 제공합니다. 또한 엑셀의 개발도구를 적절히 이용하면 엑셀이 나만의 블랙박스가 아닌, 많은 사람과 함께 발표와 다양한 시뮬레이션을 해볼 수 있는 유용한 도구가 될 수 있습니다.

8장

우리 기업의 가치는 얼마나 될까?

기업가치 :

기업가치는 무엇으로 평가할까?

사업성평가에 이어서 기업가치평가에 대해 살펴보겠습니다. 지금까지 살펴본 모든 과정이 결국 기업가치평가를 위한 과정이라고 할 수 있을 정도로, '기업가치'는 이익, 현금흐름, 자본구조를 모두 포함하는 종합적인 결과라고 할 수 있습니다.

:: 프리 캐시 플로우(FCF)가 기업성과 기준이 되는 이유

자, 그럼 기업가치는 어떻게 구할까요? '기업가치'는 기본적으로 '미래 현금흐름의 현재가치'라고 할 수 있습니다. 기업경영 활동의 성과는 결국 미래 현금흐름, 정확히 말해 프리 캐시 플로우(Free Cash Flow)의 창출로 발생하고, 그 예상되는 성과를 현재가치로 환산한 것이 '기업가치'가 됩니다. 그럼 왜 기업성과의 기준이 순이익이 아니고 프리 캐시 플로우일까요?

첫째, 앞에서도 언급했듯이 손익계산서상의 이익은 최종적으로 내 손에 쥐어지는 돈이 아니기 때문입니다. 반도체의 경우를 예로 들어볼 까요? 메모리반도체사업에서 올해 이익이 30% 정도 났다고 해보죠. 이런 경우 매출이 100억 원이라면 30억 원의 이익이 날 텐데, 이 30 억 원이 모두 남은 돈이고 내 맘대로 쓸 수 있는 돈이 될까요?

반도체산업을 잘 모르더라도 언론을 통해 해당 산업에서는 차세 대 공정에 막대한 자금을 투자한다는 얘기는 들어봤을 것입니다. 만 일 30억 원의 이익이 났더라도 차세대 공정에 50억 원을 투자해야 한다면 20억 원의 자금을 추가로 조달해야 합니다. 돈이 남는 것이 아니라 오히려 빌려와야 하는 상황이 되는 것이죠. 실제로 다음 표처 럼 해당 산업에서는 영업이익보다 훨씬 큰 금액의 투자가 이루어지 고 있습니다.

둘째, 순이익은 주주와 채권자를 포함한 기업의 전체 투자자가 아니 라 주주만의 몫이 됩니다. 순이익은 채권자들에게 주는 몫인 이자비용

| SK하이닉스의 영업이익 및 유형자산투자 흐름 |

구분	2018년	2019년	2020년
영업이익	20조 8,438억 원	2조 7,192억 원	5조 126억 원
유형자산투자	10조 96억 원	13조 8,664억 원	15조 9,044억 원

* 연결재무제표 기준, 유형자산투자는 유형자산 취득에서 처분을 차감한 잔액

을 제외하고 남은 돈이기 때문이죠. 따라서 기업가치를 산정하기 위해 이익을 사용한다면 채권자에 대한 몫을 제외하기 전의 이익을 기준으로 해야 할 것입니다.

이런 이유로 기업가치 산정을 위해서는 프리 캐시 플로우를 기준으로 할인한 현재가치를 사용합니다. 그럼 이때 할인율의 기준은 무엇으로 할까요? 기업가치를 산정하는 것이니 당연히 WACC, 즉 자기자본의 요구수익률과 타인자본의 요구수익률을 가중평균한 할인율을 쓰는 것이 일반적입니다(258쪽 참조).

:: 상장기업의 기업가치 산정방법

기업가치를 산정할 때는 기업이 영속해서 유지된다는 계속기업의 원칙을 가정하기 때문에 현금흐름 역시 계속된다고 보는 것이 합리적입니다.

다만 상장기업의 경우에는 위와는 다른 잣대를 사용하여 좀 더 편하게 기업가치를 산정할 수 있습니다. 기업가치란 자기자본가치와 타인자본가치를 더한 결과입니다. 그런데 상장기업의 경우 주식시장에서의 '시가총액'이 '자기자본가치를 대변'한다고 할 수 있습니다. 따라서 상장기업의 기업가치는 자기자본가치인 시가총액에 타인자본에 해당하는 금액만 더해주면 됩니다.

이때 타인자본은 부채 전체라고 생각할 수 있지만, 운전자본에 해당

하는 매입채무, 사업상 발생하는 선수금 등, 근무직원의 퇴직금 지급
을 위해 부채로 적립하는 퇴직급여충당부채 등은 타인자본에서 제외
합니다. 결과적으로 외부의 독립적인 기관이 이자를 받을 목적으로 제
공한 자본만을 타인자본으로 인정하는 것이죠. 따라서 상장기업의 기
업가치는 다음과 같이 계산됩니다.

- 상장기업 기업가치=**시가총액＋금융기관 차입금**

이론적으로는 위의 '시가총액+금융기관 차입금'이 프리 캐시 플로
우의 현재가치와 동일해집니다. 그렇지만 실제로는 시가총액이 투자
심리나 경기에도 민감한 영향을 받기 때문에 위의 기업가치 계산결과
와 차이가 많이 날 수밖에 없습니다.

앞서 설명했듯이 자본은 자산에서 부채를 제외하고 남은 것입니다.
이와 마찬가지로 '자기자본가치' 역시 다음 그림과 같이 자산의 수익창
출 능력의 평가를 통해 기업가치를 우선 산정하고, 여기서 타인자본가

| 상장기업의 기업가치 산정 |

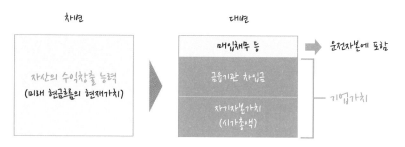

치를 제외하고 남은 것이 됩니다.

그런데 상장기업의 경우 기업가치보다는 자기자본의 가치인 시가총액에만 집중하여 분석하는 경우가 많습니다. 통상 기업의 차입금규모는 크게 변하지 않고 이자율도 정해져 있기 때문에, 특별한 재무적 어려움이 발생하지 않는 한 차입금규모는 일정 수준으로 유지되고 기업가치에 영향을 줄 수 있는 정보들의 영향은 주가변동으로 반영되게 됩니다. 그 결과 시가총액의 변동이 기업가치의 변동을 반영하는 지표가 됩니다. 그래서 통상 'EV(Enterprise Value)'로 불리는 기업가치를 산정할 때는 시가총액을 주로 평가하고 차후에 차입금규모를 확인해 더해주는 방식으로 이루어집니다.

또한 기업 간 기업가치를 비교할 때도 기업별로 차입금규모에 따라 시가총액과 EV가 얼마나 차이가 나는지만 확인하는 방식으로 이루어집니다.

상속세 및 증여세법(상증법)상 기업가치평가 방법

기업 간 M&A나 주주 간 양도·양수, 가족 간 가업지분을 양도하거나 상속 등을 통해 승계할 경우 이익을 얻은 당사자에게 과세를 하는데, 이때 과세대상인 기업가치를 평가하는 데 쓰는 방법을 '상속세 및 증여세법('상증법'이라고 줄여서 부릅니다)상 기업가치평가'라고 합니다. 꼭 세무상 목적이 아니라도, 특히 비상장기업의 기업가치를 평가할 때 참고용으로 많이 사용하는 방법이므로 미리 알아두면 실무에 도움이 되리라 생각됩니다.

'상장기업'인 경우 위의 사유가 발생한 날 전후 4개월간 주식시장 종가의 평균으로 기업가치를 산정합니다. 간단하죠?

'비상장기업'의 경우 주당 순자산가치와 순손익가치의 가중평균으로 산정하는데, 일반적으로 다음 산식에 따라 계산합니다.

• 1주당 순자산가치 × 40% + 1주당 순손익가치 × 60%

위에서 1주당 순자산가치와 순손익가치를 구하는 공식은 다음과 같습니다.

- 1주당 순자산가치＝법인의 순자산가액(＝총자산－총부채＝자기자
  본)/ 발행주식 수
- 1주당 순손익가치＝(1년 전 세후 순손익×3+2년 전 순손익×2
  +3년 전 순손익×1)/6×10배(10% 할인율)*

*매년 동일한 금액 A(순이익, 배당 혹은 현금흐름)가 1년 후부터 영원히 유입될 경우, 이를 할인율 r로 할인하면 아래와 같은 식이 됩니다.

$A/(1+r)\times(1-(1/(1+r))^n)/(1-1/(1+r))$
(초항이 $A/(1+r)$, 공비가 $1/(1+r)$인 등비수열의 계산식입니다.)

n이 무한대가 되면 '$1/(1+r)^n=0$'이 되기 때문에 이를 지우고 식을 다시 쓰면 '$A/(1+r)\times(1+r)/r$'이 되고 결론적으로 A/r이 됩니다. 따라서 r=10%이면 A/0.1 즉 A의 10배가 됩니다.

위의 상증법상 비상장기업의 기업가치평가 방법을 미래 현금을 할인해서 구하는 기업가치평가 방법과 비교해보면, 순손익가치를 구하는 데 있어서 다음 3가지 차이가 있기는 하지만 기본적인 산출방식은 동일한 구조를 보인다고 할 수 있습니다.

- 미래 현금흐름을 세후 순손익으로 바꾼다는 점
- 할인율을 10%로 고정했다는 점
- 3년간의 순손익을 가중평가한 점

02

상대가치법 :

기업가치를 평가하는 다른 방법은 없을까?

앞에서 언급했듯이 이론대로라면 프리 캐시 플로우(Free Cash Flow)를 먼저 계산하고 이를 기반으로 기업가치를 산정해야 합니다. 하지만 시시각각 변하는 정보를 반영하는 주가(자기자본가치)를 매번 프리 캐시 플로우를 기반으로 계산하기는 쉽지 않습니다.

:: 상대가치에 활용되는 주요 지표

위와 같은 이유로 프리 캐시 플로우를 기반으로 계산한 기업가치는 '본질가치'라고 해서 연도별 혹은 분기별로 재무제표가 변경되었을 때만 한 번씩 계산합니다. 그리고 그 외에는 유사기업의 주가를 기준으로 상대적인 가치를 비교하는 방법을 주로 사용하는데, 이를 '상대가

지표	정의
① PER(Price Earnings Ratio)	시가총액/당기순이익
② PBR(Price to Book Ratio)	시가총액/순자산가치(총자산−부채)
③ PSR(Price to Sales Raio)	시가총액/매출액
④ P/CF	시가총액/영업활동으로 인한 현금흐름
⑤ EV/FCF	기업가치/프리 캐시 플로우(Free Cash Flow)
⑥ EV/EBITDA	기업가치/EBITDA
⑦ EV/Sales	기업가치/매출액

치법'이라고 부릅니다. 이러한 상대가치 비교에 주로 활용되는 주요 지표는 위의 표와 같습니다.

위의 지표 중 ①~③은 주가와 재무상태표 및 손익계산서 항목을 비교하는 지표이며, ④~⑤는 현금흐름을 사용한 지표, ⑤~⑦은 주가 대신 기업가치인 EV를 기반으로 한 지표입니다. 주가 대신 시가총액+차입금인 EV를 사용한 지표도 있지만 통상 차입금은 명시적으로 확정된 금액으로 별도의 평가가 필요하지 않기 때문에, 이들 지표의 사용목적은 주가의 적정성을 판단하기 위한 것으로 보면 됩니다. 그럼 위 표에서 핵심적인 지표들에 대한 내용과 의미를 좀 더 자세히 살펴보겠습니다.

PER

'PER(Price Earnings Ratio, 주가수익비율)'는 기업 간 상대가치를 비교할 때 가장 일반적으로 사용하는 지표입니다. 기업의 주가와 당기순이익 간 비율, 다시 말해 자기자본가치를 나타낸 것으로 기업의 실적이 발표되면 맨 먼저 비교하는 지표에 해당합니다. 앞에서 언급했듯이 '당기순이익'은 타인자본에 대해 제공하는 보상인 이자를 차감한 수치이기 때문에, 이를 시가총액과 비교하면 기업 간 당기 성과 대비 주가를 비교해볼 수 있는 가장 간단하면서도 명쾌하고 합리적인 수치가 됩니다.

EV/EBITDA

그렇지만 PER는 기업가치를 비교한 수치가 아니기 때문에 기업가치 비교를 위해서는 추가적인 지표를 사용해야 합니다. 그것이 바로 'EV/EBITDA'입니다.

필자는 이것이 PER보다 더 나은 기업가치지표라고 생각합니다. 앞서 설명했듯이 EBITDA는 '이자, 세금, 감가상각 그리고 감모상각 차감 전 순이익'을 의미합니다(232쪽 참조). 즉, 당기순이익과는 달리 이자 등을 포함한 상태에서의 순이익을 의미하죠. 이런 측면에서 EV/EBITDA는 '타인자본'을 포함한 기업의 전체적인 가치를 비교하는 지표가 되기 때문에 굳이 추가적인 보조지표를 필요로 하지 않습니다.

뿐만 아니라 비록 운전자본의 변동에 대한 고려는 없지만, 현금흐름의 대용지표로 활용할 수 있는 EBITDA를 사용함으로써 순이익보다는 프리 캐시 플로우에 더 가까운 수치를 기반으로 기업 간 가치비교를 해볼 수 있습니다.

PBR · PSR

1990년대 후반부터 아마존 등 인터넷기업들이 주식시장에 상장되면서 적정주가에 대한 논란이 많이 일어났습니다. PER로는 설명이 안되는 해당 기업들의 주가로 인해 거품논란이 발생한 것이죠. 이때 많이 언급된 지표가 'PBR(주가순자산비율)'과 'PSR(주가매출비율)'입니다.

해당 기업들이 이익이 없고 적자가 계속되거나, 적자가 발생하더라도 매우 미미한 경우에 딱히 쓸 만한 지표가 없고 논리적인 설명도 되지 않자 해당 지표들을 사용하게 되었다고 볼 수 있습니다. 이익은 나지 않지만 현재의 순자산가치와 업종의 성장성을 봤을 때 충분한 기업가치가 인정된다고 보거나, 매출이 커지고 있기 때문에 일정 시점에는 이익이 발생할 것이므로 매출의 규모와 성장성을 봤을 때 기업가치를 인정할 수 있다는 논리입니다.

가입자 수가 중요한 SNS업체나 유료가입자를 기반으로 사업을 하는 서비스업체의 경우 가입자당 얼마의 가치가 있다고 평가하는 경우도 있습니다. 예를 들어 케이블TV업체 간 M&A가 한창일 때는 가입자당 20~30만 원이라는 가치를 기준으로 매각협상을 진행한 사례도 있습니다.

위의 사례처럼 산업 전체가 고성장하고 있고, 기존 사업과는 다른 사업모델을 적용하는 기업들을 비교하는 경우 PER나 EV/EBITDA 대신 업종특성에 맞는 지표를 개발하여 사용하는 것은 합리적인 접근이라고 생각합니다. 하지만 그런 지표들이 PER나 EV/EBITDA에 비해 지속적으로 사용할 만하고 신뢰할 수 있다고 보기는 어렵습니다.

어느 정도 성장한 기업들을 일정 시점에 PER나 EV/EBITDA를 기준으로 비교해보면 비교적 일관성을 가지는 경우가 있습니다. 실제로 주식시황에 따른 변화는 있을 수 있지만, 동종업종 유사규모의 기업에서는 PER가 비교적 일정하게 나타납니다.

그렇지만 기타 지표, 예를 들면 PBR과 같은 경우 기업 간 자산의 구성요소도 다르고 총자산회전율(매출액/총자산)도 다를 수밖에 없는 데다, 특정 기업의 자산 중에 오래 전에 구입해서 시가와 차이가 큰 부동산 비중이 높을 경우 PBR이 상대적으로 좋아질 수도 있기 때문에 수치만을 놓고 비교하기에는 추가적으로 고려해야 할 변수가 많습니다.

따라서 PBR은 벤처기업 중심의 새로운 산업에서 사업위험이 크고 산업 내 대부분의 기업이 적자를 내는 상황이어서 PER 등을 구할 수 없을 때 대용 지표로 쓸 수 있지만, 일반적으로 사용을 권고할 만한 지표는 아니라고 봅니다.

:: 상대가치지표의 바람직한 활용방법

국내에서는 잘 사용하지 않는 듯하지만 시가총액과 현금흐름을 비교한 'P/CF'나 'EV/FCF'도 유용한 지표라고 생각합니다. 이들 지표는 공식 혹은 비공식적인 지표분석에서 표시하고 있기는 하지만, 이를 기반으로 주가를 설명하는 사례는 많지 않습니다. 필자는 이것들이 좋은 참고지표라고 생각하고, 사용을 확대할 것을 권장할 만하다고 봅니다.

결론적으로 필자는 기업 간 상대가치를 비교할 때는 PER와 EV/EBITDA를 우선 사용하고, 보조적으로 P/CF나 EV/FCF 지표를 이용하면 충분할 것으로 봅니다. 그럼에도 여전히 부족하다고 생각된다면 다른 상대가치지표를 1~2개 더 보기보다는 수익성, 활동성 등 관련 재무분석지표(311쪽 참조)를 폭넓게 보는 것이 기업가치의 차이를 이해하는 더 바람직한 접근방법이라고 생각합니다. 2~3개 지표로도 설명이 안 된다면 어차피 보다 폭넓은 방향에서의 분석이 필요하기 때문이죠.

앞에서도 언급했듯이 주식시장에서의 지표로 평가하는 기업가치는 기업의 본질가치를 반영하지 못하고 경기나 시장의 분위기만을 반영하는 경우가 많습니다. 그러다 보니 주식투자자 중 상당수가 투자를 하는 데 있어서 아직까지 재무제표나 기업가치를 꼼꼼히 살펴보기보다는 시장분위기에 많이 좌우되는 경향이 있습니다.

하지만 이럴 경우 자칫 잘못된 투자 의사결정을 할 위험이 있습니다. 실제로 1990년대 말 천정부지로 주가가 올랐던 IT기업 중 지금은 존재도 없이 사라져버린 기업도 많습니다. 또한 지금도 코스닥(KOSDAQ) 시총 상위에 있는 바이오기업 중 매출이 미미하고 미래의 불확실성도 매우 높은 기업을 어렵지 않게 찾을 수 있습니다.

03

주식평가모형·경제적 부가가치(EVA) :

어떻게 해야 기업가치를 올릴 수 있을까?

주식시장에서 주가에 영향을 미치는 가장 핵심적인 요인은 무엇일 까요? 이와 관련한 다양한 이론과 모형들이 있지만 여기서는 다음 2가 지 모형을 통해 알아보도록 하겠습니다.

:: 배당과 성장을 고려한 주식평가모형

주식의 기대수익률은 '배당'과 '성장성'에 의해 결정된다는 모형으 로, 이를 산식으로 나타내면 다음과 같습니다.

• $P_0 = D_1 / (k_e - g)$

　P_0 : 이번 기(당기)의 1주당 가치

k_e : 주주의 요구수익률(자기자본할인율)

D_1 : 다음 기의 주당 배당금

g : 배당성장률(= 내부유보율* x 재투자수익률)

*내부유보율 = 순이익 중 배당하지 않은 유보금액 비율 = (순이익 − 배당금) / 순이익
= 1 − 배당성향

　우선 이 모형을 이해하기 위해 앞에서 설명한 기업의 본질가치를 어떻게 계산했는지를 다시 살펴보겠습니다. 매년의 프리 캐시 플로우(FCF)를 할인률(WACC)로 할인한 것이 기업가치라고 했습니다. 그럼 주주 입장에서 매년의 프리 캐시 플로우는 무엇일까요? 바로 '배당'입니다.

　예를 들어 주주들이 영원히 올해(당기)와 동일한 배당을 받는다고 가정해보겠습니다. 이런 경우 이번 기의 시가총액(P0)은 다음과 같이 매년 주주 입장에서의 현금유입인 배당금(D)을 자기자본에 대한 할인율(k_e)로 할인한 금액을 더해서 결정할 수 있을 것입니다.

〈배당이 동일하게 유지될 경우 P0의 산식〉

$$P_0 = \frac{D}{(1+k_e)} + \frac{D}{(1+k_e)^2} + \frac{D}{(1+k_e)^3} + \frac{D}{(1+k_e)^4} + \frac{D}{(1+k_e)^5} + \frac{D}{(1+k_e)^6} + \cdots = \frac{D}{k_e}$$

　이 경우 P0(시가총액)는 위와 같이 'D(배당금)/k_e(자기자본할인율)'이 됩니다. 이런 상황에서 해당 기업이 성장 없이 매년 10억 원의 이익이 동일하게 유지되고, 이 이익을 전부 배당으로 지급한다고 가정해보겠습

니다. 이럴 경우 k_e가 5%라면 시가총액은 배당금의 20배인 200억 원 (10억 원/5%)이라고 할 수 있습니다.

그럼 이번에는 기업이 유보이익의 일부를 다시 사업에 투자해서 그 결과로 이익이 성장하고 동일한 비율로 배당이 성장한다면 어떻게 될까요? 그러면 다음과 같은 산식에 의해 $P_0 = D_1/(k_e - g)$가 됩니다.

〈배당이 성장할 경우 P_0의 산식〉

$$P_0 = \frac{D_1}{(1+k_e)} + \frac{D_1(1+g)}{(1+k_e)^2} + \frac{D_1(1+g)^2}{(1+k_e)^3} + \frac{D_1(1+g)^3}{(1+k_e)^4} + \frac{D_1(1+g)^4}{(1+k_e)^5} + \frac{D_1(1+g)^5}{(1+k_e)^6} + \cdots = \frac{D_1}{(1+k_e)} \times (\frac{1}{1-\frac{1+g}{1+k_e}})$$
$$= \frac{D_1}{(k_e - g)}$$

이런 경우에 앞의 사례와 같이 첫해 이익은 10억 원이 발생하지만, 이번에는 기업이 발생하는 이익 중 절반(50%)인 5억 원을 새로운 사업 기회에 투자함으로써 8%의 재투자수익률을 얻었다고 해보겠습니다.

이럴 경우 첫해의 배당은 절반인 5억 원으로 줄어들겠죠. 그리고 다음해에는 '내부유보율(50%)×재투자수익률(8%)'인 4%만큼 순이익이 성장하게 됩니다. 내부유보율이 일정하기 때문에 순이익 중 배당금의 비중인 배당성향(1-내부유보율)도 일정합니다. 따라서 순이익이 성장한 비율만큼 배당도 성장하게 되어 4%가 바로 배당성장률이 됩니다. 이 경우 시가총액은 다음과 같이 계산됩니다.

• $P_0 = D_1/(k_e - g) = 5$억 원 / (5% − 4%)=500억 원

기업의 순이익이 매년 4% 성장할 경우 기업가치가 앞서 200억 원일 때에 비해 무려 2.5배 증가하는 것입니다.

결국 이론적으로 주가는 얼마나 순이익(=배당)이 성장할 수 있는지에 따라 무한하게 상승할 수 있습니다. 만약 성장률이 k_e(기대수익률)와 거의 유사한 수준이 된다면 주가는 천정부지로 올라갈 것입니다.

기업이 주주들에게 배당을 많이 주더라도 당기순이익보다 많이 주기는 어렵습니다. 내부 운영자금도 필요하고 투자를 위한 자금유보도 필요하니까요. 이런 측면에서 배당을 늘려서 주가를 올리는 데는 한계가 있습니다. 오히려 주주들은 성장할 수 있는 기회가 있는데 기업이 투자를 안 하고 배당을 늘린다면 부정적으로 생각할 것입니다.

결론적으로 주가는 순이익도 중요하지만 기업이 유보자금을 투자해서 성장하는 데서 더 큰 영향을 받습니다. 따라서 기업가치에 가장 큰 영향을 미치는 요소는 '성장'이라고 할 수 있죠. 그런데 기업의 미래 성장가능성은 불확실하고 주관적일 수 있습니다. 결국 성장이 주가에 미치는 영향은 기업이 얼마나 기존 주주나 잠재 주주에게 미래에 대한 잠재력을 설득할 수 있고, 성장가능성을 제시할 수 있느냐에 따라 결정된다고 할 수 있습니다. 즉, 지금 당장 매출이 늘어야만 주가가 올라가는 것은 아니라는 의미입니다.

∷ EVA(경제적 부가가치)

이번에는 'EVA(Economic Value Added, 경제적 부가가치)'라는 개념을
통해서 주가에 영향을 미치는 요소가 무엇인지 살펴보겠습니다.

EVA는 '기업이 영업활동을 통해 회계기간 동안 창출한 부가가치'
를 의미합니다. 여기서 '부가가치'란 추가적으로 창출된 가치를 의미하
는데, 그럼 무엇과 비교해 추가된 가치일까요? 바로 '주주와 채권자들
이 요구하는 가치'와 비교했을 때 추가적으로 창출된 가치를 말합니다.
EVA를 산출하는 공식은 다음과 같습니다.

• EVA(경제적 부가가치)=세후 영업이익(NOPLAT) − 자본비용(WACC)
　　　　　　　　　　　　　×투하자본(IC)

위의 공식에서 'NOPLAT(Net Operating Profit Less Adjusted Taxes, 세
후 영업이익)'는 기업이 영업활동으로 창출한 전체 가치를 의미하므로,
우선 '영업에서 창출한 이익'을 기준으로 계산합니다. 즉, 다음 계산식
처럼 영업이익을 기준으로, 주주와 채권자 모두를 이익의 분배대상으
로 하기 때문에 채권자 몫인 이자는 차감하지 않고, 주주와 채권자에
게 이익으로써 돌아가지 않는 법인세 등 세금은 제외합니다. 결과적으
로 NOPLAT는 영업이익에서 세금만 뺀 나머지가 됩니다.

• NOPLAT = EBIT − 조정법인세 = EBIT(1−실효법인세율)

한편, EVA 계산식에서의 'IC(Invested Capital, 투하자본)'는 영업을 위해 쓰인 자본을 말합니다. 간단하게는 '총자산(부채+자본) – 유동부채(주로 매입채무, 선급금 등 영업을 위해 사용하는 부채)'로 정의할 수 있고, 보다 엄밀하게는 '영업목적으로 투입된 타인자본(금융기관 등 채권자를 통해 조달한 자금)과 자기자본(재무상태표상의 자본)에서 영업과 무관하게 보유하고 있는 비영업용 자산을 차감한 것'으로 정의할 수 있습니다. 따라서 유동부채 중 금융기관에서 조달한 부채는 포함하고, 고정부채라도 퇴직급여충당부채처럼 채권자로부터 조달하지 않은 자금은 제외해야 합니다.

• **투하자본**=순운전자본＋유형자산＋무형자산(자산관점)

or 총차입금(리스 포함)＋총자본(재무적 관점)

위의 복잡한 산식을 기억할 필요는 없고, 간단히 IC(투하자본)는 '주주나 채권자가 사업을 위해 투자한 금액'이라고 이해하면 됩니다.

결국 앞의 EVA 계산식을 해석해보면, 경제적 부가가치는 '세후 영업이익이 투자자들이 투자하면서 기대한 규모를 넘어야' 창출된다고 할 수 있습니다. 그럼 이렇게 부가가치가 창출되면 어떻게 될까요? 기업이 기대한 것보다 이익을 더 많이 냈으니 주가가 올라가겠죠.

앞의 EVA 계산식을 투하자본으로 나누면* 다음과 같이 백분율로 나타낼 수 있습니다.

＊EVA(경제적 부가가치)/투하자본(IC)=(세후 영업이익(NOPLAT) – 자본비용(WACC)
×투하자본(IC))/투하자본(IC)

• EVA(%) = NOPLAT(%) − WACC(%)

위 식을 보면 결국 이해관계자가 요구하는 수익률을 넘어서는 세후 영업이익률이 경제적 부가가치를 통한 추가적인 수익률이 된다는 사실을 알 수 있습니다.

채권자가 요구하는 수익률은 사전에 정해져 있다는 점을 감안하면, 결국 경제적 부가가치 창출을 통해 달성하는 추가수익률이 주주의 가치에 반영된다고 할 수 있습니다. 상장기업이라면 이것이 주가에 반영되겠죠.

:: 기업가치(주가)에 영향을 미치는 가장 큰 요인

결론적으로 주가에 영향을 미치는 가장 큰 요인은 '성장성'과 '기업에 기대하는 수준 이상의 이익창출'이라는 사실을 알 수 있습니다. 그런데 기업에 기대하는 수준 이상의 이익창출은 매기간별로 평가하기 때문에 효과도 단기적이고, 예상보다 10~20배 큰 이익을 내기도 거의 불가능하기 때문에 영향이 제한적입니다. 따라서 주가상승은 무엇보다 '성장성에 대한 기대'에 가장 큰 영향을 받는다는 사실을 확인할 수 있습니다.

특히 최근의 바이오기업들의 주가를 보면 이런 사실이 극명하게 나타납니다. 예를 들어 임상단계의 신약을 개발하는 여러 기업들의 주가는 임상시험의 성공가능성이 매우 낮고, 몇 년간 적자가 지속됨에도 불구하고 높은 수준을 보이고 있습니다. 이는 비단 우리나라뿐만 아니라 전 세계적으로 동일하게 벌어지는 현상입니다.

이런 이유 때문에 모든 기업들이 무엇보다 성장을 중시하고, 우리나라 주요 기업의 경우 주력사업의 성장성이 떨어질 때 새로운 사업분야로의 진출을 모색하는 것입니다. 이와 같은 전문성과 역량이 없는 비관련 다각화를 부정적으로 볼 수도 있지만 M&A를 통해 전문성과 역량을 일정 수준 확보할 수도 있기 때문에 성장을 위해 비관련 분야 진출까지 고려하는 것은 당연하고 반드시 해야 하는 일이라고 볼 수 있습니다. 그만큼 기업에게 있어서 성장은 위험성이 높은 비관련 다각화까지 모색해야 할 정도로 절박한 과제이기 때문이죠. 따라서 조직구성원, 특히 전략이나 기획부서의 임직원은 기업의 성장을 가장 중요한 과제로 인식하고, 이를 위한 끊임없는 노력을 기울여야 할 것입니다.

기업이 매년 실적발표를 할 때 예상매출과 이익수준을 달성하지 못하면 주가가 하락하는 현상을 봤을 것입니다. 이런 현상은 기업에 요구되는 수익률을 달성하지 못했기 때문에 일어납니다. 반대로 기업이 예상을 뛰어넘는 이익을 달성했을 때 주가가 상승하는 것은 경제적 부가가치 발생에 대한 보상이라고 할 수 있습니다. 이와 같이 기업에 대한 주주지분의 가치, 즉 상장기업의 경우 주가는 기업이 어느 정도 성장할 것인지에 대한 시장의 기대에 가장 큰 영향을 받습니다. 그럼 실제 사례를 통해 정말 이런 관계가 성립하는지 살펴보겠습니다.

우선 국내 시장보다는 많은 투자자들이 시장에 참여하고 있는 글로벌시장에서의 기업별 시가총액 순위를 알아보겠습니다. 다음 표는 2021년 11월 1일 기준 글로벌기업의 시가총액 순위입니다.

| Rank | Company name | Location | Sector | 31 March 2021 | | 31 March 2020 | |
				Rank +/- (VS Mar 2020)	Market capitalisation ($bn)	Rank	Market capitalisation ($bn)
1	APPLE INC	United States	Technology	2	2,051	3	1,113
2	SAUDI ARAMCO	Saudi Arabia	Energy	-1	1,920	1	1,602
3	MICROSOFT CORP	United States	Technology	-1	1,778	2	1,200
4	AMAZON.COM INC	United States	Consumer Discretionary	0	1,558	4	971
5	ALPHABET INC	United States	Technology	0	1,393	5	799
6	FACEBOOK INC	United States	Technology	1	839	7	475
7	TENCENT	China	Technology	1	753	8	469
8	TESLA INC	United States	Consumer Discretionary	75	641	83	96
9	ALIBABA GRP	China	Consumer Discretionary	-3	615	6	522
10	BERKSHIRE HATHAWAY	United States	Financials	-1	588	9	443
11	TSMC	Taiwan	Technology	9	534	20	235
12	VISA INC	United States	Industrials	0	466	12	316
13	JPMORGAN CHASE	United States	Financials	2	465	15	277
14	JOHNSON & JOHNSON	United States	Health Care	-4	433	10	346
15	SAMSUNG ELECTRONICS	South Korea	Technology	6	431	21	234
16	KWEICHOW MOUTA	China	Consumer Staples	12	385	28	197
17	WALMART INC	United States	Consumer Discretionary	-6	383	11	322
18	MASTERCARD INC	United States	Industrials	0	354	18	243
19	UNITEDHEALTH GRP	United States	Health Care	0	352	19	237
20	LVMH MOET HENNESSY	France	Consumer Discretionary	12	337	32	188

* 출처 : PwC 분석보고서

위의 표를 보면 1~10위 기업 중 2위인 사우디 아람코(Saudi Aramco, 사우디아라비아 국영 석유기업)와 10위인 버크셔 헤서웨이(Berkshire Hathaway)를 제외한 8개 기업이 IT · 기술(Technology) 영역의 기업임을 알 수 있습니다. 왜 그럴까요?

해당 영역의 기업들의 다수는 1990년대 이후 창업되었습니다. 마이크로소프트와 애플의 경우 비교적 오래 전인 1970년대 중반(마이크로 소프트 1975년, 애플 1976년)에 창업되었지만, 구글 등 10위권에 속한 주요 기업들은 1990년대에 창업되었습니다. 참고로 동종업계의 IBM, HP와 같은 전통적인 컴퓨터기업은 오히려 순위가 밀리는 상황이죠.

이들 IT · 기술 영역 기업들이 시가총액 상위를 이루는 가장 큰 원인은 대부분 최근 20~30년 간에 성장성 높은 사업을 주도해왔고, 새로운 성장분야에 막대한 투자를 했기 때문이라고 생각됩니다. 대표적으로 구글(Google)을 들 수 있습니다.

구글은 본업격인 인터넷검색 사업뿐만 아니라 이와 연관된 사업이라고 할 수 있는 유튜브 등 콘텐츠사업, 나아가 자율주행 자동차, 의료 등 여러 분야에 투자하고 있습니다. 성공적인 사례는 아니지만 스마트폰이나, 구글글래스와 같은 웨어러블 제작을 직접 시도하기도 했죠. 필자는 몇 년 전 한 지인에게서 '구글에 다니는 친구가 우리 회사는 뭐 하는 회사인지 모르겠다. 안 하는 게 없다'고 하더라는 얘기를 들은 적도 있습니다. 이처럼 구글은 계속해서 성장률 높은 분야를 개척하면서 기업가치가 급격히 성장했고, 현재도 그와 같은 급성장분야를 찾아 적극적으로 투자하고 있기 때문에 높은 기업가치를 유지하고 있다고 할 수 있습니다.

구글과 같은 선도 IT기업들은 대체로 PER가 30 내외로 유지되고 있습니다. 선도적 글로벌 IT기업을 동일 비교집단(Peer Group)으로 놓고 볼 때

대체로 주가가 주당순이익의 30배이면 적정한 수준으로 볼 수 있다는 것이죠. 물론 모든 글로벌 IT기업의 PER가 30은 아니지만 최근 흐름을 보면 대체로 30 부근에서 등락하는 모습을 볼 수 있습니다.

지금은 글로벌시장이 서로 연결되어 있고, 투자자들이 국경에 상관없이 투자가 가능한 상황이기 때문에 글로벌 투자자에게 알려진 업체는 투자 심리나 위험에 대한 심리적 불안의 영향은 있을 수 있지만, 대체로 시장 전반적으로 공정한 가치를 보인다고 할 수 있습니다. 따라서 30 내외의 PER는 시장의 기대를 적절하게 반영한 수치라고 볼 수 있습니다.

그러면 앞에서 언급했던 IBM의 PER는 어느 수준일까요? 2021년 기준으로 20~25 수준으로 선도 IT기업들과 큰 차이는 없습니다. 필자의 생각으로는 IBM의 경우 B2B 중심의 사업을 운영하므로, 상대적으로 성장성은 떨어지지만 AI에도 지속적인 투자를 해왔기 때문에 성장동력에 대해 인정을 받고 있는 듯합니다.

반면 인텔의 경우 PER가 10을 약간 상회하는 수준입니다. 수요가 정체된 PC 중심 사업을 영위하기 때문에 상대적으로 성장성에 대해 낮은 점수를 받는 것이 낮은 PER의 주요 원인이라 할 수 있겠습니다.

여기서 우리는 PER과 같은 상대지표는 '유사업종 간 비교'를 할 때 활용할 수 있는 지표라는 사실에 주의해야 합니다. 만일 유통기업과 IT기업을 이런 지표로 비교하면 어떻게 될까요?

유통업의 경우 IT기업에 비해 매출규모는 상대적으로 크지만 매출 대비 이익규모는 낮은 수준입니다. 예를 들어 월마트(Walmart)의 경우에도 이익률은 1.8% 정도이고 성장률도 높지 않은데 PER는 40이 넘습니다. 베스트 바이(Best Buy) 등 동종업계 타기업의 PER가 15 내외인 점을 고려하면 월마트의 경우 비교적 오프라인에서 온라인으로 전환되는 유통환경에 잘 적응함으로써 성장성을 인정받은 것이 타 유통기업에 비해 높은 PER를 형성하는 이유라고 할 수 있습니다.

하지만 그렇더라도 월마트의 성장성이 마이크로소프트나 애플과 같은 주요 IT기업보다 높다고 할 수는 없죠. 따라서 유통기업의 PER가 높은 경우는 유통업이 가지는 큰 매출규모와 상대적인 사업안정성, 물류 및 판매 인프라 등 경쟁사에 대한 진입장벽역할을 하는 자산가치 등에 고루 영향을 받았다고 할 수 있습니다.

한편, 같은 유통업이라고 하더라도 온라인 중심에, 가입자와 클라우드 등 IT인프라 기반의 사업을 하는 아마존(Amazon)에는 다른 잣대가 적용된다고 볼 수 있습니다. 아마존이나 테슬라를 유통업이나 자동차산업이 아닌 IT · 기술기업이라고 보는 이유가 이와 같은 사업의 특성과 구조가 다르기 때문으로 이해할 수 있습니다.

테슬라처럼 사업 초기이면서 성장성이 높은 기업은 PER가 동일 비교집단 내 타기업과 비교할 수 없을 정도로 매우 높은 수준이거나, 반대로 이익이 발생하지 않는 경우가 많기 때문에 PER보다는 'EV/EBITDA'가 기업 간 비교를 가능하게 해주는 지표라고 할 수 있습니다. 물론 테슬라의 경우 EV/EBITDA도 타기업 대비 높은 수준이기는 하지만 비교가능한 범위 내에는 들어온다고 볼 수 있습니다.

실제로 테슬라의 EV/EBITDA는 마이크로 소프트의 4배 수준이지만 PER의 차이는 9배가 넘습니다. 또 테슬라처럼 이익이 발생하는 기업은 그나마 PER를 알 수 있어서 비교라도 가능하지만, 상장 초기의 페이스북(Facebook)처럼 이익이 발생하지 않는 경우는 그마저도 불가능합니다.

삼성전자와 애플의 사업 포트폴리오

삼성전자의 기업가치는 2021년 최고가 기준으로 약 5,000억 달러 수준인 데 반해 애플은 약 2.5조 달러로 삼성전자의 5배에 달합니다. 그럼 두 기업의 사업구조를 한 번 비교해보겠습니다.

삼성전자는 반도체 등 소재뿐 아니라 스마트폰을 포함한 휴대용기기, TV, 그리고 냉장고와 같은 각종 생활가전제품을 아우르는 IT산업 전반에서 사업을 영위하고 있습니다.

반면에 애플은 스마트폰, 노트북 등 삼성전자의 사업영역 중 일부에만 참여하고 있습니다. 게다가 제품모델도 많지 않죠. 그래서 애플이 만드는 모든 제품모델을 테이블 하나에 올려 보여줄 수 있다는 말도 있습니다.

삼성전자는 사업 포트폴리오 측면에서의 우위뿐만 아니라 주력사업인 스마트폰사업에서도 시장점유율 1위입니다. 외형만 놓고 봐서는 결코 애플에 뒤진다고 할 수 없겠죠.

:: 애플의 기업가치가 높게 평가되는 이유

그런데 왜 애플의 기업가치가 삼성전자보다 훨씬 높을까요? 필자는 '수익성'과 '성장성'에 이유가 있다고 생각합니다. 애플의 스마트폰 판매량은 삼성전자보다 뒤지지만 평균가격이 높아서 매출액 규모가 훨씬 큽니다. 애플의 2021년 스마트폰 매출은 약 1,960억 달러로 720억 달러를 달성한 삼성전자의 2.7배에 이릅니다(출처 : 카운터포인트리서치). 높은 브랜드 충성도가 이와 같은 고가정책을 유지할 수 있는 바탕이라고 할 수 있겠습니다. 그 결과 삼성전자의 영업이익률이 엄청난 수준(2021년 18.5%)임에도 불구하고, 애플은 제조업체에서는 상상할 수 없는 영업이익률(2021년 29.8%)로 삼성전자보다 우위를 보이고 있습니다.

또한 애플은 서비스영역에서도 높은 성장률을 보이며 전체 매출의 약 1/5을 서비스영역에서 달성하고 있습니다. 2021년의 서비스영역 매출성장률은 전년 대비 27%에 달합니다. 이와 함께 웨어러블 등의 액세서리 매출도 빠르게 성장하여 2020년부터는 노트북(Mac) 매출을 추월했습니다. 투자자 입장에서는 앞으로도 애플이 새로운 사업을 꾸준히 창출하여 성장할 것이라는 기대를 갖게 하는 대목이죠.

이처럼 삼성전자가 사업 포트폴리오의 범위와 제품 판매량과 같은 외형에서 우위에 있음에도 불구하고 수익성과 성장성 지표에서 애플에 뒤지기 때문에 지금과 같은 기업가치의 차이가 발생했다고 할 수 있습니다.

9장

우리 기업은 지금
잘하고 있는 걸까?

우리 기업의 상황을 제대로 알려면?

연결재무제표란 '자회사나 손자회사들을 하나로 모아서 작성하는 재무제표'를 말하며, 작성주체는 '지배회사(외감법대상 기업)'가 됩니다. 그럼 어떤 기업들을 연결대상에 포함해야 할까요? 지배회사가 50%를 초과한 지분을 소유하거나 실질적으로 지배하는 기업이 연결대상이 됩니다. 기존에는 외감법대상 기업만 연결대상에 포함시켰지만, 2018년 10월에 일반기업회계기준이 변경됨에 따라 2020년(2019년 11월 1일 이후 시작하는 회계연도)부터는 종속기업이 외감법대상 법인이 아닌 경우에도 연결재무제표를 작성해야 합니다(중소기업은 2년 유예).

연결재무제표는 마치 한 기업의 재무제표인 것처럼 작성해야 하기 때문에 연결기업 간 재무제표를 합산하고 내부 거래를 상계해줘야 합니다. 이와 관련하여 크게 다음 4가지 내부 거래를 제거해줘야 합니다.

① 투자와 자본 : 투자자산과 자본금 상계

예)

지배기업 : 투자자산 60억 원(지분 60%)

종속기업 : 자본금 100억원(60억 원은 지배기업 지분)

→ 지배기업 투자자산과 종속기업 자본금 60억 원 상계

② 채권과 채무 : 상호간의 채권·채무 상계

예) 지배기업 : 매출채권, 종속기업 : 매입채무

③ 수익과 비용 : 종속기업에 대한 매출과 종속기업의 매출원가 상계

→ 외부에 최종 판매된 상품·제품에 대해 내부 거래 상계

④ 미실현이익 : 외부에 판매되지 않은 금액에 대해 이익 제거

→ 지배기업이 종속기업에게 판매한 금액 중 재고자산으로 남아 있는
   금액 제거

위의 작업은 매우 복잡하고 전문적인 업무이기 때문에 회계부서가 아니면 직접 해볼 기회는 거의 없습니다.

현재 대부분의 상장기업은 개별 재무제표보다는 연결재무제표 기준으로 성과를 발표하고 있으며, 투자자들 역시 연결재무제표를 중심으로 기업을 분석합니다. 그렇지만 기업 입장에서는 어떻게든 연결재무제표 대상을 줄이려고 애쓰는 경우가 많습니다.

지금은 상당수의 국내 제조업체들이 공장을 해외로 이전하면서 개별 재무제표를 통해 기업의 실체를 파악하기 어려운 경우가 많아졌습니다. 이러한 영향으로 연결재무제표를 작성할 필요성이 증가했다고 할 수 있죠. 만일 국내 본사에 아무리 현금이 넘쳐나고 흑자가 난다고 하더라도 해외에 있는 여러 자회사가 계속해서 적자를 낸다면 해당 기업은 부실기업이라고밖에 볼 수 없습니다. 이런 측면에서 여러분이 현재 소속된 기업이나 거래선을 평가할 때도 개별 재무제표가 아닌 연결재무제표를 기준으로 해야 합니다.

연결재무제표 작성이 의무화되고 연결대상이 확대되면서 기업을 분석하는 입장에서는 기업의 실체를 파악하기가 더 용이해졌다고 할 수 있습니다. 예를 들어 흑자도산 기업 중에는 연말에 해외에 있는 자회사에 제품을 판매하고 이를 통해 본사의 이익을 실현한 사례가 많습니다. 이런 경우 제대로 돈을 받고 제품을 판 것이 아니니 현금흐름은 마이너스(−)가 되고 운전자본은 늘어납니다. 연결재무제표 작성을 의무화하고 범위가 확대되면 이와 같은 불합리한 관행도 줄어드는 긍정적 효과가 생길 수 있습니다.

반면에 기업 입장에서는 작성에 따른 부담도 상당하고, 분식까지는 아니지만 이익을 조정할 수 있는 수단도 줄어들어 불편함이 커졌다고 할 수 있습니다.

많은 국내 기업들이 단순히 수출만 하는 것이 아니라, 해외에 생산설비 등을 두고 직접 해외법인을 운영하고 있습니다. 하지만 아무리 인터넷이 발달하고 Zoom 등의 각종 화상회의도구가 있더라도 시간대나 문화적인 차이 등으로 인해 해외법인을 관리하기가 쉽지 않습니다.

:: 해외법인을 설립·관리하는 2가지 방식

해외법인을 설립하고 관리하는 방식은 통상 2가지가 있습니다. 첫째는 기능별로 일정 수의 본사 직원을 파견해서 관리하는 방식이고, 둘째는 설립 초기에 다수의 직원을 파견해서 운영 프로세스 등을 상세하게 수립한 후 CFO(최고재무책임자)를 중심으로 몇몇 주재원만 남겨서 현지화하는 방식입니다. 과거 본사조차도 내부 프로세스가 명확하지 않았던 시절에는 첫째 방식을 사용했지만, 최근에는 주로 둘째 방식을 사용하고 있습니다.

또 현지법인 운영 측면에서도 ① 명확한 운영원칙을 세워 변경 없이 운영하면서 현지화는 극히 제한적으로 하는 방법과 ② 현지의 니즈를 적극적으로 수용하는 방법이 있습니다. 어느 쪽이 좋을까요?

필자의 경험으로는 기업에 상당한 관리역량이 없으면 ①의 방식이 바람직하다고 생각됩니다. 관리역량이 부족한 상태에서 재량권을 주면 반드시 문제가 생기기 때문이죠. 물론 현지법인을 운영하다보면 재량권에 대한 요구가 증가하기 마련이지만, 이런 경우에도 본사 차원에서 관리할 수 있는 수준에서 요구를 수용하고 나서 점차 확대해나가는 방식이 바람직하다고 생각됩니다.

실제로 해외진출 기업 중에 현지화가 중요하다는 이유로 현지에서의 재량권을 과도하게 줬다가 문제가 생기는 경우가 많습니다. 그래서 상당히 알려진 글로벌기업들도 본사의 가이드라인을 엄격하게 지키도록 현지법인에 요구합니다. 그러다 보니 종종 국내에서 근무하는 글로벌기업 직원들이 본사에서 관리기준을 너무 엄격하게 적용해서 국내에서는 제대로 현지화도 못하고 영업을 적극적으로 할 수 없다고 푸념하는 경우도 있습니다.

따라서 해외법인을 설립하고 운영할 때는 안정적 관리가 가능하도록 구체적이고 체계적인 운영 시스템을 구축하는 것이 무엇보다 중요합니다. 연결재무제표는 그로 인한 결과에 불과합니다.

재무분석 :

우리가 경쟁기업보다 잘하고 있을까?

회계부서 실무자가 아니라면 재무제표를 직접 작성할 기회는 많지 않습니다. 반면에 재무분석의 경우 기획, 관리 등 기업의 관리·운영 관련 부서 실무자라면 한번쯤 경험해봤을 수 있습니다.

재무분석에 활용되는 지표는 어떤 성격의 재무적 실적을 분석하느냐에 따라 다음 쪽 표와 같이 수익성, 안정성, 성장성, 활동성지표로 구분할 수 있습니다.

:: 재무분석에 가장 유용한 지표들

다음 쪽 표에 기본적인 지표를 제시했지만 해당 지표들을 모두 보면서 의미를 찾을 필요는 없습니다. 필자의 의견으로는 다음과 같은 지

| 재무분석 목적별 분석지표 |

	주요 분석지표	산식
수익성지표	매출총이익률 매출액영업이익률 매출액순이익률 금융비용부담률	매출총이익 / 매출 영업이익 / 매출 순이익 / 매출 금융비용 / 매출
안정성지표	부채비율 자기자본비율 차입금의존도 이자보상비율	부채 / 자기자본 자기자본 / 총자산 차입금 / 총자산 영업이익 / 이자비용
성장성지표	총자산증가율 매출액증가율 유형자산증가율	당해년도 금액 / 전년도 금액 − 1
활동성지표	총자산회전율 매출채권회전율 매입채무회전율 재고자산회전율 운전자본회전율	매출액 / 총자산 매출액 / 매출채권 매출액 / 매입채무 매출액 / 재고자산 매출액 / 운전자본

표들이 재무분석에 가장 유용하다고 생각합니다.

• 수익성지표 : 매출액영업이익률, 금융비용부담률

• 안정성지표 : 차입금의존도, 이자보상비율

• 성장성지표 : 매출액증가율

• 활동성지표 : 총자산회전율, 재고자산회전율, 운전자본회전율

위의 지표 중 매출액영업이익률, 매출액증가율, 이자보상비율 3가지

의 추이만 봐도 우리 기업의 매출과 이익이 적정수준이며 안정적으로 성장하고 있는지를 알 수 있습니다. 제조업의 경우 대체로 매출액영업이익률이 5% 내외이고 유통업의 경우 1~2%에 불과합니다. 제조업인데 이 지표가 5%를 넘어서 10%를 상회하는 경우는 원재료의 공급과잉 등으로 인해 원재료비 부담이 줄었거나, 환율변동이나 외부 변수로 인해 수요가 급등하는 등의 일시적인 요인 때문인 경우가 많습니다.

매출액영업이익률이 꾸준히 10%를 상회하는 경우는 애플처럼 프리미엄 브랜드로서 브랜드파워가 강해서 높은 가격을 받을 수 있는 사례가 아니라면 매우 드물게 나타납니다.

이렇게 매출액영업이익률이 5% 내외인 상황에서 순이익을 내려면 영업이익이 금융비용을 감당할 수 있어야 합니다. 이를 재무분석지표로 보면, 이자보상비율이 2 이상 꾸준히 나와야 부채수준이 적정하다고 할 수 있습니다.

다만 필자 생각으로는 국내에서는 잘 사용하지 않지만 다음과 같은 '현금흐름에 기초한 재무분석지표'가 손익 중심의 재무분석지표보다 사업안정성 평가에 있어서 더 유용해보입니다.

- 영업현금흐름비율=영업활동으로 인한 현금흐름/유동부채
- 현금흐름 Coverage=영업활동으로 인한 현금흐름/총부채
- EBITDA－to－Interest Coverage Ratio=(EBIT+비현금비용)/이자비용

즉, 사업의 안정성을 나타내는 데 있어서 영업상 현금흐름이 부채

대비 어느 정도 규모인지, 특히 영업을 통해 이자비용을 감당할 수 있는 수준의 현금흐름을 창출할 수 있는지를 평가하는 EBITDA-to-Interest Coverage Ratio(=EBITDA Coverage)가 이자보상비율보다 더 정확한 지표라고 할 수 있습니다.

:: 한국은행 기업경영분석 자료 활용법

사실 이렇게 재무분석을 하더라도 우리 기업이 제대로 운영되는지 확신하기 어렵습니다. 다른 기업과 비교해봐야 상대적으로 잘하고 있구나 하며 안심할 수 있겠죠.

이럴 때 참고할 수 있는 자료가 한국은행에서 발행하는 〈기업경영분석〉입니다. 이 자료는 한국은행 홈페이지에서 '조사·연구〉간행물〉발간주기별 검색'을 선택한 다음 '연간〉기업경영분석' 순으로 들어가서 다운로드받을 수 있습니다.

〈기업경영분석〉을 보면 산업별·기업규모별 등으로 재무상태표, 손익계산서, 제조원가명세서의 비중이 백분율로 표시되어 있습니다. 또한 수익성, 안정성, 성장성 등을 분석하기 위한 여러 재무분석지표를 제시하고 있어서 해당 지표들을 기준으로 동일 비교집단(Peer Group) 간의 상대적인 비교를 할 때 유용하게 활용할 수 있습니다. 다만 전년도 결과가 다음 해 4분기에 발표되기 때문에 약 10~11개월의 시차가 있다는 아쉬움이 있습니다.

C10-34. 제 조 업
(종　합)

1. 재무상태표 Balance Sheet

Code No.	내　역 Contents	금액(백만원) In million won	구 성 비 Ratio(%)
111	유 동 자 산	915,841,035	40.36
1111	당 좌 자 산	699,665,047	30.83
11111	현금및현금성자산	142,406,105	6.28
11112	단 기 투 자 자 산	189,913,333	8.37
11113	매 출 채 권	293,301,850	12.93
11114	기 타 당 좌 자 산	74,043,759	3.26
1112	재 고 자 산	216,175,407	9.53
11121	상(제)품 및 반제품	101,020,604	4.45
11122	원 재 료	66,512,748	2.93
11123	기 타 재 고 자 산	48,642,056	2.14
112	비 유 동 자 산	1,353,389,913	59.64
1121	투 자 자 산	405,223,704	17.86
11211	(장 기 투 자 증 권)	337,042,387	14.85
1122	유 형 자 산	826,806,245	36.44
11221	토 지	258,825,223	11.41
11222	설 비 자 산	517,531,068	22.81
112221	(건 물 · 구 축 물)	214,046,497	9.43
112222	(기 계 장 치)	236,676,817	10.43
112223	(선박 · 차량운반구)	6,625,359	0.29
112224	(기 타 설 비 자 산)	60,182,395	2.65
11223	건 설 중 인 자 산	50,449,954	2.22
1123	무 형 자 산	63,346,172	2.79
11231	(개 발 비)	19,622,833	0.86
1124	기 타 비 유 동 자 산	58,013,682	2.56
11	자 산 총 계	2,269,230,948	100.00
121	유 동 부 채	631,124,420	27.81
12101	매 입 채 무	164,313,646	7.24
12102	단 기 차 입 금	192,501,187	8.48
12103	유 동 성 장 기 부 채	62,329,912	2.75
12104	기 타 유 동 부 채	211,979,874	9.34
122	비 유 동 부 채	350,780,268	15.46
12201	회 사 채	86,525,384	3.81
12202	장 기 차 입 금	190,215,991	8.38
12203	기 타 비 유 동 부 채	74,038,903	3.26
123	자 본	1,287,326,360	56.73
12301	자 본 금	136,467,212	6.01
12302	자 본 잉 여 금	267,080,900	11.77
12303	자 본 조 정	-32,307,126	-1.42
12304	기타포괄손익누계액	32,337,247	1.43
12305	이 익 잉 여 금	883,748,330	38.94
12	부 채 및 자 본 총 계	2,269,230,948	100.00

2. 손익계산서 Income Statement

Code No.	내　역 Contents	금액(백만원) In million won	구 성 비 Ratio(%)
21	매 출 액	1,817,218,849	100.00
22	매 출 원 가	1,482,420,128	81.58
23	매 출 총 손 익	334,798,720	18.42
241	판 매 비 와 관 리 비	250,892,193	13.81
24101	급 여	65,606,475	3.61
24102	퇴 직 급 여	6,977,971	0.38
24103	복 리 후 생 비	8,616,539	0.47
24104	세 금 과 공 과	3,762,530	0.21
24105	임 차 료	4,296,766	0.24
24106	감 가 상 각 비	8,763,224	0.48
24107	접 대 비	2,885,590	0.16
24108	광 고 선 전 비	12,743,395	0.70
24109	경상개발비·연구비	40,521,376	2.23
24111	보 험 료	2,548,102	0.14
24111	대 손 상 각 비	3,609,245	0.20
24112	무 형 자 산 상 각 비	3,658,019	0.20
24113	기 타 판 매 비 와 관 리 비	86,902,960	4.78
24	영 업 손 익	83,906,466	4.62
251	영 업 외 수 익	84,965,816	4.68
25101	이 자 수 익	5,108,865	0.28
25102	배 당 금 수 익	5,649,628	0.31
25103	외 환 차 익	22,603,610	1.24
25104	외 화 환 산 이 익	5,326,000	0.29
25105	투자·유형자산처분이익	10,891,447	0.60
25106	지 분 법 평 가 이 익	3,304,841	0.18
25107	기 타 영 업 외 수 익	32,081,426	1.77
252	영 업 외 비 용	86,059,802	4.74
25201	이 자 비 용	15,496,835	0.85
25202	외 환 차 손	24,071,082	1.32
25203	외 화 환 산 손 실	7,447,229	0.41
25204	투자·유형자산처분손실	4,374,721	0.24
25205	지 분 법 평 가 손 실	3,124,408	0.17
25206	기 타 영 업 외 비 용	31,545,527	1.74
25	법인세비용차감전순손익	82,812,542	4.56
261	법 인 세 비 용	19,192,508	1.06
26	당 기 순 손 익	63,620,034	3.50

3. 제조원가명세서 Statement of Cost of Goods Manufactured

Code No.	내　역 Contents	금액(백만원) In million won	구 성 비 Ratio(%)
31	당 기 총 제 조 비 용	1,293,077,057	100.00
311	재 료 비	827,623,951	64.00
312	노 무 비	116,291,662	8.99
313	경 비	349,161,443	27.00
31301	복 리 후 생 비	15,258,569	1.18
31302	전 력 비	21,210,605	1.64
31303	가 스 수 도 비	13,645,862	1.06
31304	감 가 상 각 비	72,344,376	5.59
31305	세 금 과 공 과	3,174,681	0.25
31306	임 차 료	4,372,067	0.34
31307	보 험 료	3,002,698	0.23
31308	수 선 비	14,089,048	1.09
31309	외 주 가 공 비	95,285,997	7.37
31310	운반·하역·보관·포장비	12,408,761	0.96
31311	경 상 개 발 비	6,687,646	0.52
31312	기 타 경 비	87,681,343	6.78
32	기 초 재 공 품 원 가	84,562,198	6.54
33	기 말 재 공 품 원 가	82,821,850	6.41
34	유형자산(타계정)대체액	26,763,435	2.07
35	당 기 제 품 제 조 원 가	1,268,053,970	98.06

주 : 용어의 영문표기는 590~598쪽 참조

4. 이익잉여금처분계산서 Statement of Appropriation of Retained Earnings
단위 : % 　　Unit : %

Code No.	내　역 Contents	2018	2019	2020
401	처 분 전 이 익 잉 여 금	97.11	98.40	97.32
4011	전 기 이 월 이 익 잉 여 금	35.47	38.83	39.80
4012	당 기 순 이 익	24.13	16.01	16.08
4013	회 계 변 경 의 누 적 효 과	-0.10	0.37	0.16
4014	전 기 오 류 수 정 손 익	-0.09	-0.31	-0.11
4015	기 타 처 분 전 이 익 잉 여 금	37.70	43.50	41.39
402	임 의 적 립 금 등 의 이 입 액	2.89	1.60	2.68
403	이 익 잉 여 금 처 분 액	15.13	11.68	11.73
4031	이 익 준 비 금	0.19	0.16	0.17
4032	기 타 법 정 적 립 금	3.24	1.25	0.06
4033	배 당 금	7.13	6.61	8.42
4034	임 의 적 립 금	4.13	3.36	2.64
4035	기 타 이 익 잉 여 금 처 분 액	0.43	0.29	0.43
404	차 기 이 월 이 익 잉 여 금	84.87	88.32	88.27

〈기업경영분석〉을 활용할 때는 우선 수익성지표를 비교하고, 차입금의존도, 이자보상비율과 운전자본회전율을 분석해봄으로써 기업이 정상궤도 범위에 있는지 확인할 수 있습니다. 안정성지표에 문제가 있을 때는 현금흐름지표까지 파악해서 유동성 위기 가능성을 검토해야 합니다. 그러고 나서 동일 비교집단 내의 경쟁사 대비 낮은 지표를 따로 분석해서 문제점을 찾아내고 개선방향을 살펴본다면 〈기업경영분석〉 자료를 충분히 활용했다고 할 수 있습니다.

이 책을 통해 기대할 수 있는 것

여러분은 이 책을 통해 무엇을 기대했나요? 아마 실무에서 가끔씩 부딪히는 회계나 재무 관련 이슈들에 대한 이해를 높이고, 실적분석이나 신사업기획 등에서 도움을 받을 수 있겠구나 하는 기대가 많지 않았을까요.

그런 독자들이라면 이 책의 내용 중 다음과 같은 측면에 초점을 맞추면 실무적으로 더 큰 도움을 받을 수 있을 것입니다.

먼저 이 책에서 중점을 둔 사항으로, 재무상태표와 손익계산서상의 최종 결과치가 아닌 주요 항목의 수치에 대해 살펴보기 바랍니다. 즉, 이 책을 통해 알게 된 사실을 토대로 우리 기업과 주요 경쟁사들이 현금을 얼마나 가지고 있는지, 유형자산 대비 감가상각비 비율은 어느 정도인지, 무형자산으로 회계처리한 연구개발비는 어느 정도인지 등을 비교해보면 매출과 영업이익 이상의 실질적인 기업의 모습을 파악할 수 있습니다.

　무엇보다 실적에 대한 판단기준을 매출과 영업이익이 아닌 '현금흐름' 중심으로 전환해보기를 추천합니다. 물론 이것이 실무자 입장에서 쉬운 일은 아닙니다. 실제로 필자가 컨설턴트로서 모 대기업의 사업성평가 관련 과제를 수행할 때 현금흐름 기반으로 사업성예측을 해서 클라이언트에게 전달한 적이 있습니다. 그러자 클라이언트 측에서는 예측자료가 이해가 안 가니 영업손익 중심으로 다시 작성해달라고 요구하더군요. 이에 필자는 이번 기회에 현금흐름 중심으로 사업성평가를 해보면 어떻겠냐고 제안했다가 시키는 대로 안 한다고 큰 꾸지람만 듣고 말았습니다. 그만큼 경영 의사결정권자들이 실적의 판단근거를 현금흐름보다는 영업손익으로 보는 경향이 큰 것이죠.

　하지만 위에서 얘기했듯이 영업이익을 넘어서는 기업의 실질적인 상황을 파악하려면 현금흐름 중심의 사고가 필요합니다. 특히 이 책을 읽는 경영자라면(중소기업이나 벤처기업 경영자라면 더더욱) 실적을 현금흐름 중심으로 판단하는 사고의 전환을 해보기를 추천합니다.

　또한 이 책에서 소개한 차이분석과 엑셀의 개발도구 기능을 활용한 손익분기점분석과 사업성평가는 관련 업무를 하게 될 때 꼭 한 번 실행해보기 바랍니다. 필자의 경험상 칭찬과 인정을 받는 기회가 될 것이라고 확신합니다.

끝으로 성공과 성장을 위해 오늘도 끊임 없이 노력하고 있는 독자들에게 필자가 힘들었던 시기에 위로 받았던 밀턴의 《실락원》에 나오는 문장을 소개하며 이 글을 마칠까 합니다.

'그대 생명을 사랑하지도 말고 미워하지도 말고 사는 날까지 열심히 살아라. 길든 짧든 하늘에 맡겨라.'